www.lenos.ch

Sumaya Farhat-Naser

Im Schatten des Feigenbaums

Herausgegeben von
Willi Herzig und Chudi Bürgi

Lenos Verlag

Willi Herzig, geboren 1949, Studium der Geschichte und Sozialwissenschaften mit Lizentiat in Genf. Auslandredaktor bei verschiedenen Tageszeitungen, Leiter des Ressorts *International* der *Basler Zeitung* (1989–2009). Häufige Reisen nach Israel, Palästina und in die arabischen Nachbarländer.

Chudi Bürgi, geboren 1956, Studium der Germanistik und Volksliteratur in Zürich und Berlin. Langjährige Beschäftigung mit Literatur aus verschiedenen Kulturen als Journalistin und (Mit-)Herausgeberin. Bei artlink, Büro für Kulturkooperation (www.artlink.ch) u.a. zuständig für Literatur.

Satz und Gestaltung: Lenos Verlag, Basel
Umschlag: Anne Hoffmann Graphic Design, Zürich
Umschlagfoto: Andreas Flühmann
Printed in Germany
ISBN 978 3 85787 436 9

Im Schatten des Feigenbaums

Vorwort

Wer seine Lebensgeschichte schreibt, tut dies in der Regel in einem einzigen Buch, das die prägendsten Stationen festhält. So beschreibt Sumaya Farhat-Naser in ihrer 1995 unter dem Titel *Thymian und Steine* veröffentlichten Lebensgeschichte die Kindheit und Jugend in Palästina und ihren späteren Werdegang auf so eindringliche und anschauliche Weise, dass das Buch bis heute viele Leserinnen und Leser erreicht und noch 2012 in Köln zum »Buch für die Stadt« gewählt wurde.

Doch die Situation in Palästina rechtfertigt es, ja macht es gar notwendig, dass über ein einzelnes Buch hinaus weitererzählt wird, was passiert. Mit *Im Schatten des Feigenbaums* legt die Palästinenserin, die in Birzeit bei Ramallah lebt, bereits das vierte Zeugnis in Buchform vor. Es bündelt ihre Erfahrungen der letzten fünfeinhalb Jahre.

Sumaya Farhat-Naser habe ich vor über fünfundzwanzig Jahren kennengelernt. Bei unserer ersten Begegnung im Spätherbst 1987 in Bern schilderte sie, damals Dozentin für Botanik und Ökologie an der Universität Birzeit, den beschwerlichen Alltag in den von Israel besetzten Gebieten. Zwei Aussagen der charismatischen, fliessend Deutsch sprechenden Palästinenserin beeindruckten mich besonders: Zum einen ihre Prognose, die explosive Stimmung unter jungen Palästinensern könne jederzeit einen Gewaltausbruch auslösen; prompt brach wenige Wochen später, im Dezember 1987, im Westjordanland und im Gazastreifen die Intifada aus, ein Volksaufstand gegen die Besatzungsmacht. Zum andern blieb mir Sumaya Farhat-Nasers pessimistische Einschätzung unvergessen, Israel wolle »Frieden mit einem Land ohne Palästinenser«.

Die Entwicklung der letzten fünfundzwanzig Jahre scheint ihr recht zu geben. »Unser Land wird uns systematisch weggenommen«, zieht die Autorin heute Bilanz und belegt mit eigenen Beobachtungen und konkreten Beispielen, wie Palästinenser im Westjordanland und in Ostjerusalem durch den israelischen Siedlungsbau verdrängt werden. Damals wie heute zeigt sich der israelisch-palästinensische Konflikt als unerbittlicher Streit um Land, aber deutlicher als je zuvor zeichnet sich das Schicksal der Palästinenser als grosse Verlierer ab.

In den letzten Jahren hat Israel den Druck auf die Palästinenser massiv verstärkt und ihre Entwicklungsmöglichkeiten weiter eingeschränkt. Auf den im Gazastreifen eingesperrten Menschen lastet eine israelische Blockade. Im Westjordanland und in Ostjerusalem sind sie eingeschnürt von Mauern, Zäunen, militärischen Kontrollposten (Checkpoints) und einem dichten Geflecht von Strassen für die mehr als 500 000 israelischen Siedler. Rund um die »grösseren und kleineren Gefängnisse und Käfige«, wie Sumaya Farhat-Naser die schrumpfenden Lebensräume nennt, schafft Israel mit seiner völkerrechtswidrigen Siedlungspolitik laufend neue Fakten; die international beschworene »Zwei-Staaten-Lösung« mit Israel und Palästina wird buchstäblich verbaut.

Neu an dieser Politik der Verdrängung ist, dass mehr und mehr israelische Siedler das Gesetz in die eigenen Hände nehmen. Unter dem Schutz der Armee zerstören sie

Weinberge, Obstgärten und Olivenhaine, rauben das Land und die Wasserquellen, mithin die Lebensgrundlage vieler Palästinenser. Sumaya Farhat-Naser dokumentiert in diesem Buch, wie ihrem Volk gleichsam der Teppich unter den Füssen weggezogen wird. Zugleich bringt sie ihre Enttäuschung über die Passivität der Aussenwelt zum Ausdruck: »Es ist unglaublich, was geschieht, und alle schauen zu, gleichgültig und mutlos.«

Zusätzlich frustrierend ist in dieser schwierigen Lage das Neben- und Gegeneinander zweier palästinensischer Regierungen, die eine in Gaza, die andere in Ramallah; sie zerstören »mühevoll erreichte demokratische Ansätze«, wie die politisch unabhängige Autorin feststellt.

Dem bitteren Befund zum Trotz lässt sich Sumaya Farhat-Naser nicht entmutigen. In Schulen und Frauengruppen lehrt sie mit grossem Engagement gewaltfreie Kommunikation und den Umgang mit Konflikten, unermüdlich kämpft sie gegen Hoffnungslosigkeit und Resignation. Dabei freut sie sich selbst über jeden Fortschritt und macht auf positive gesellschaftliche Entwicklungen »von unten« aufmerksam. So etwa zielen lokale Initiativen auf die Erhaltung kulturhistorisch wertvoller Ortskerne und Bauten und versuchen, identitätsstiftend die Erinnerung an die eigene Geschichte zu festigen.

Neben starken Momenten der Trauer, etwa beim Tod ihrer geliebten Mutter, beschreibt Sumaya Farhat-Naser auch Momente des Glücks im wachsenden Familienkreis, wo sie Kraft und Zuversicht schöpft. Im eigenen Haus mit Terrasse und schattiger Pergola tankt die Autorin, mit fünfundsechzig Jahren immer noch vital und voller Tatkraft, neue Energie, ebenso im eigenen Weinberg, einem idyllischen Refugium etwas oberhalb von Birzeit. Dort freut sich die promovierte Botanikerin besonders auch an den Feigenbäumen und ihren süssen Früchten. Der Feigenbaum, der diesem Buch den Titel gegeben hat, sei »ein Zeichen für Frieden, Sicherheit und Lebensglück«, schreibt Sumaya Farhat-Naser. Hoffnungsvolle Gefühle durchdringen auch das vorliegende Tagebuch dieser starken und couragierten Frau, obwohl es ein trauriges Kapitel der Entrechtung und Enteignung der Palästinenser in ihrer Heimat protokolliert.

Willi Herzig

Einleitung

Mit diesem Tagebuch möchte ich meine Gefühle und Gedanken, das Schöne und Schwere der letzten Jahre erinnern, reflektieren und dokumentieren. Das Interesse an unserem Leben in Palästina unter Militärbesatzung, das ich von so vielen Seiten zu spüren bekomme, hat mich zum Schreiben motiviert. Ich möchte andere an meinem Leben teilnehmen lassen. Ich möchte von unseren Erfahrungen im Durchhalten und Bewältigen schwieriger Situationen berichten und davon, wie die Freude am Leben trotz allem erhalten werden kann. Und ich möchte andere ermutigen, sich mit dem eigenen Leben auseinanderzusetzen und sich anderen zu öffnen.

Die Lage in Palästina ist so komplex und aussichtslos, ja deprimierend wie nie zuvor. Die israelische Siedlungstätigkeit auf unserem Land ist intensiviert worden, die Sperren und die Mauer machen das Leben zur Qual und entziehen den Menschen die Existenzgrundlage. Die innerpalästinensische Situation ist frustrierend. Das Versagen der politischen Führungen in Gaza und im Westjordanland ist offensichtlich.

In diesen Jahren war der Feigenbaum die Pflanze, die mich inspiriert hat. Er krönt nach dem Thymian, dem Olivenbaum und den Disteln im Weinberg meiner früheren Bücher mein Schreiben.

In der Bibel ist der Feigenbaum nach dem Olivenbaum die zweitwichtigste Pflanze. Er gehört zu den sieben gesegneten Produkten, die das Heilige Land als wertvolle Kulturlandschaft auszeichnen und zu denen ausserdem die Weinrebe, der Granatapfel, Weizen, Gerste und Honig gehören.

Zum Frühstück und zum Abendbrot essen wir neben Thymian und Olivenöl mit Brot oft auch Feigen und manchmal Joghurt und Schafskäse, Weintrauben und Wassermelone. Die frischen Feigen sind eine nahrhafte Köstlichkeit, und getrocknet oder zu Marmelade verarbeitet versorgen sie uns bis zur nächsten Ernte.

Mit dem Feigenbaum sind viele Weisheiten verbunden. »Lernt etwas aus dem Vergleich mit dem Feigenbaum! Sobald seine Zweige saftig werden und Blätter treiben, wisst ihr, dass der Sommer nahe ist.« So heisst es in der Bibel (Matthäus 24,32) – ein Aufruf zu Zuversicht und Hoffnung: Das Leben erneuert sich, und ein Ausweg wird sich finden.

»Da sagten die Bäume zum Feigenbaum: Komm, sei du unser König! Der Feigenbaum sagte zu ihnen: Soll ich meine Süssigkeit aufgeben und meine guten Früchte und hingehen, um über den anderen Bäumen zu schwanken?« (Richter 9,10–11) – ein Aufruf dazu, sich selbst und dem, was man am besten kann, treu zu bleiben, ein Aufruf auch zu Bescheidenheit.

Es war der Feigenbaum bei der Ruine des Bauernhauses meines Urgrossonkels Jakub Isaak im Dorf Ein Arik, der eine besondere Bedeutung bekam. Erinnerungen an meine Kindheit in diesem Haus mit dem Feigenbaum davor haben mir die Energie gegeben, um in den Ruinen etwas Neues zu planen. Denn das ist das Besondere dieser Jahre: dass trotz der Zerstörung und des Unrechts der Wille da ist, die Tradition zu bewahren und Neues entstehen zu lassen.

In der Bibel wird auch davon gesprochen, dass man sich in Friedenszeiten im Schatten des Feigenbaums getroffen hat, um auszuruhen, mit Freunden zu reden und zu lachen – und natürlich, um die süssen Früchte zu geniessen. So ist der Feigenbaum auch ein Zeichen für Frieden, Sicherheit und Lebensglück.

2008

1. Januar

Ein neues Jahr beginnt, und ich setze mich hin, um zu schreiben. In meinem Tagebuch und den Briefen an meine Freunde versuche ich Ereignisse festzuhalten, die den Alltag prägen und die Komplexität unserer Situation aufzeigen.

Aber manchmal, wenn wieder etwas besonders Schlimmes passiert, gelingt es mir weder zu schreiben noch klar zu denken. Dann fühle ich mich dumpf und ausgelaugt. Dann möchte ich fliehen und mir einreden, es sei alles normal. Gründe zum Verzweifeln und zum Trauern gibt es genug. Ich sage mir aber: In meinem Kummer bin ich nicht allein, denn vielen Menschen geht es viel schlechter als mir. Dass wir uns elend fühlen, ist angesichts unserer Situation normal – weil unsere Sinnesorgane noch funktionieren. Weil wir fühlen, empfinden und spüren. Weil wir sehen und hören. Weil wir denken und Pläne und Träume haben und weil wir wirkliche Ängste kennen. Es ist normal, weil wir entschlossen sind, unsere Menschlichkeit zu behalten.

Ich suche dann nach Gedanken, die mich ermutigen, und sage mir: Ich glaube weiterhin daran, dass bessere Zeiten kommen. Ein Keimling braucht einen gewissen Reiz, damit ein neuer Spross emporwächst. Ich will hoffen, denn Hoffnung macht kreativ und verleiht Kraft, damit wir aktiv bleiben und noch aktiver werden. Die Hoffnung trägt.

Das Schönste, was wir im letzten Jahr erleben durften: Munîr und ich sind Grosseltern geworden. Unsere Tochter

Ghâda hat am 15. August ihr erstes Kind, Rina, geboren. Dieses wundersame Ereignis bringt uns viel Freude und willkommene Aufgaben.

16. Januar

Die politische Lage ist verfahren und entmutigend. Seit vergangenem Sommer haben wir zwei palästinensische Regierungen, die miteinander verfeindet sind. Die eine wird von der national ausgerichteten Fatah-Bewegung gestellt und regiert als sogenannte Autonomiebehörde im Westjordanland. Die andere gehört der islamistischen Hamâs-Bewegung an und kontrolliert den Gazastreifen. Israel hat Gaza zu einer »feindlichen Entität« erklärt und das Gebiet seit 2006, nach der Entführung eines israelischen Soldaten, immer stärker abgeriegelt. Die Einfuhr lebensnotwendiger Güter für die mehr als 1,5 Millionen eingesperrten Menschen wurde drastisch reduziert.

Mehrere Anläufe, Fatah und Hamâs zu versöhnen, sind gescheitert. Das liegt auch daran, dass beide von fremden Mächten abhängig sind, die an einer Versöhnung kein Interesse haben. Die Fatah-Regierung unter Präsident Mahmûd Abbâs ist auf westliche Hilfsgelder angewiesen und kooperiert mit der Besatzungsmacht Israel, während die Hamâs vor allem von iranischer Unterstützung abhängig ist.

Fatah und Hamâs regieren, ohne grundlegende Menschenrechte oder rechtsstaatliche Prinzipien gesetzlich verankert zu haben, geschweige denn sie zu respektieren. Hunderte politischer Häftlinge der jeweiligen Gegenseite sitzen in ihren Gefängnissen. Der Streit zerstört die mühevoll erreichten demokratischen Ansätze. Meinungs- und Medienfreiheit sind stark eingeschränkt. Aus Angst vor Repressalien äussern die Menschen kaum noch Kritik. Sie sind tief enttäuscht von der Politik und misstrauen den Parteien.

2. Februar

Unser Sohn Anîs ist im Juli 2004, nach abgeschlossenem Medizinstudium in Innsbruck, nach Palästina heimgekehrt. Seither arbeitet er als Allgemeinarzt in Flüchtlingslagern, die von der UNO verwaltet und finanziert werden. Er hat dort einen Tagelohn und verdient im Monat weniger als 400 Euro. Davon kann man nicht leben. Daher hat er in Birzeit in der Wohnung seiner Grossmutter Tekla eine kleine Praxis aufgemacht, für Sprechstunden am Nachmittag und Notfälle. Die Patienten kommen von überall her, und kaum jemand bezahlt die bescheidenen zwei Euro Gebühr, die Anîs verlangt. Viele gehen davon aus, dass die Praxis eine Zweigstelle der Klinik im nahe gelegenen Flüchtlingslager Dschalasun ist, wo die Bewohner kostenlos behandelt werden. Andere sehen in Anîs den Jungen aus dem Dorf, den Freund des Sohnes, den Verwandten, Nachbarn, Schulkameraden, der von ihnen doch sicher nichts verlangt! Patienten mit schweren Leiden und arme Menschen behandelt er von sich aus unentgeltlich. Oft bezahlt er ihnen auch die Medikamente.

Im Flüchtlingslager läuft die medizinische Versorgung wie am Fliessband. Täglich sieht Anîs rund hundert Patienten, oft noch mehr. Da sie nichts zu bezahlen brauchen, kommen viele bloss, um sich zu treffen, zum Zeitvertreib.

Einige fragen nach Antibiotika und Schmerzmitteln für mehrere Monate und wollen sie dann heimlich verkaufen. Für Anîs ist es ein ständiger Abwehrkampf. Einmal wurde es gar lebensgefährlich: Ein Mann bedrohte ihn, indem er ihm eine Pistole an die Schläfe hielt.

Seither sucht Anîs nach einer Möglichkeit, sich im Ausland zu spezialisieren. Wir Eltern sehen die Notwendigkeit, doch plagt uns der Gedanke, dass Anîs mit dreiunddreissig Jahren noch keine Braut hat und die ganze Stadt eine Frau für ihn sucht.

Für Christen in Palästina ist es schwer, eine Partnerin oder einen Partner zu finden. Das liegt schon daran, dass sie eine kleine Minderheit von weniger als drei Prozent sind. Zudem verhindern israelische Sperren und administrative Einschränkungen eine Begegnung in den wenigen Orten, in denen noch Christen leben. Früher trafen sich junge Leute an Weihnachten und Ostern zum Gebet, zu Familienbesuchen und anderen gesellschaftlichen Ereignissen in Jerusalem und Bethlehem. Inzwischen ist das nicht mehr möglich, weil uns die israelischen Besatzungsbehörden unterschiedliche Kategorien von Identitätskarten aufgezwungen haben, die unsere Mobilität eng begrenzen. So dürfen wir vom Westjordanland nicht nach Jerusalem, Israel oder Gaza. Selbst innerhalb des Westjordanlandes sind wir eingeschränkt und dürfen nicht ins Jordantal oder das Gebiet zwischen der Sperrmauer und der israelischen Grenze. Die dort lebenden Menschen oder auch die Bewohner von Gaza dürfen nirgendwohin ohne eine Genehmigung des Militärs, und die wird nur selten erteilt.

Gemeinsam feiern und gemeinsam trauern verbindet, entlastet und festigt die Zugehörigkeit zur Gemeinschaft mit ihren Traditionen und Sitten. Doch gerade das will die Besatzungspolitik unterbinden. Wer heiraten möchte, dem bleibt nichts anderes übrig, als in der nächsten Umgebung, im eigenen Dorf zu suchen.

Seit seiner Rückkehr nach Birzeit ist Anîs immer wieder darauf angesprochen worden, dass er noch keine Frau hat. »Jetzt ist die Zeit gekommen, du musst heiraten. Wir wollen uns mit dir freuen«, sagten die Leute. »Das will ich auch«, antwortete er, »aber noch suche ich.« Alle wollten sie für ihn suchen, immer wieder kamen Vorschläge. Es wurde zur Nervenprobe. Anîs ärgerte sich, und wir Eltern hofften, er würde in Ruhe gelassen. Als er wütend darüber sprach, sagte ich ihm: »Die Leute meinen es gut, nimm sie so, wie sie sind, reagiere mit Humor.« Einmal waren wir an einem Fest im Garten der Kirche. Wo Anîs auch hinschaute, winkte jemand und zeigte auf ein Mädchen. Er beschloss mitzuspielen: Sobald ihn jemand auf eine junge Frau hinwies, zeigte er auf die andere Seite mit der Bemerkung, es gebe dort andere, die er im Blick habe. Allmählich beruhigten sich die Leute und gaben die Suche auf.

15. April

Ich bin auf Vortragsreise in der Schweiz. Als ich gestern in Bern unterwegs war, erhielt ich einen Anruf von Anîs: »Jamma, es hat geklappt, du kannst schon mal zu trillern beginnen.« Ich wusste sofort Bescheid und liess mitten auf der Strasse einen lauten Jubeltriller ertönen. »Ein Mädchen aus Birzeit?« Er bejahte. »Es ist diejenige, die du mir vor drei Jahren vorgeschlagen hast, Dima, die Tochter der Nachbarn.« Ich trillerte noch einmal. Die Leute, die an mir vorbeigingen, schauten mich erstaunt an, und ich sagte: »Mein Sohn hat seine Braut gefunden.« – »Wieso, war sie verlorengegangen?«, fragte eine Frau. Ich antwortete: »Nein, aber bei uns ist alles schwer, und wenn etwas klappt, dann freuen wir uns von Herzen.«

30. April

Nach meiner Rückkehr habe ich von meinen Kindern die ganze Liebesgeschichte erfahren. Ausgerechnet als es im Februar einmal schneite, sprang der zündende Funke über. Schnee ist bei uns aussergewöhnlich, und da man nicht darauf vorbereitet ist, fallen Arbeit und Schule aus, und alle stürzen ins Freie und spielen im Schnee. Munîr hatte an diesem Morgen Anîs geweckt und ihn gebeten, aufs Dach zu steigen, um den Schnee von den Sonnenkollektoren zu entfernen. Unser Sohn war nicht begeistert, denn es war sehr kalt. Vom Dach aus sah er die Nachbarn übermütig und mit lautem Geschrei im Schnee spielen. Gerade erst aus dem Schlaf gerissen und frierend, war er schlechter Laune und grüsste nicht. Als er sich danach im Haus beim Kaffee aufwärmte, war es ihm peinlich, dass er die Nachbarn vom Dach aus nicht gegrüsst hatte, und er ging nach draussen, um sich den im Schnee Spielenden anzuschliessen. Unter ihnen war auch Dima. Sie bewarfen sich mit Schneebällen, und dabei funkte es zwischen ihnen.

Offen aufeinander zuzugehen ist nicht möglich, es soll kein Gerede geben. Und für ein Mädchen gehört es sich erst recht nicht, den ersten Schritt zu tun; dies würde ein schlechtes Licht auf sie werfen. Nur seiner Schwester Ghâda vertraute Anîs sich an. Ghâda lud Dima zum Kaffee ein, um zu sondieren, ob sie frei sei und allenfalls offen für eine Freundschaft mit Anîs. Dima wollte eine Woche Bedenkzeit. Aber nach drei Tagen rief sie Ghâda an und sagte, dass sie und ihre Eltern eine Verbindung begrüssen würden. Ghâda organisierte ein paar geheime Treffen bei sich zu Hause, damit Anîs und Dima einander näher kennenlernen konnten. Als sie nach etwa zwei Monaten sicher waren, dass sie eine Verbindung eingehen wollten, bat Anîs seine Schwester, ihren Vater zu informieren. Munîr gab umgehend seinen Segen, auch er ist glücklich.

15. Mai

Heute schrieb ich an meine Freunde: »Lange habe ich nichts von mir hören lassen, aber ich weiss, dass ihr mich begleitet und mir eine Stütze seid. Wenn ich von Sorgen und Schmerz niedergedrückt werde, nehme ich mir einen Moment Zeit und denke an euch. Ich finde hier eine Idee und dort einen Gedanken, ich sehe da ein Lächeln und spüre jene Umarmung. Wenn ich mir dies vergegenwärtige, geht es mir besser, und ich lächle.

Unser Sohn Anîs feiert in zwei Monaten Verlobung und wird im August heiraten. Mit uns freut sich die ganze Stadt; wir werden feiern, und Hunderte von Menschen werden dabei sein. Es gehört auch zu unserem Leben, dass wir uns von

Herzen freuen und Feste feiern. Das gibt Kraft. Für einmal will ich also nicht von Schwerem und Traurigem berichten. Das tut gut. Es reinigt, entlastet die Nerven und öffnet die Augen und den Raum für einen Neubeginn.«

14. Juni

Heute sind Munîr und ich mit Ghâda und ihrer zehn Monate alten Tochter Rina ans Aprikosenfestival im Nachbardorf Dschifna gegangen. Rina mit ihren grossen dunklen Augen, dem lockigen schwarzen Haar und ihrem Lachen und Schreien macht jede gemeinsam verbrachte Minute zum kostbaren Geschenk. Die Aprikosenbäume von Dschifna sind das Wahrzeichen der ergrünenden Landschaft. Ihre Blütenpracht und ihre süssen Früchte ziehen die Menschen von nah und fern an. Das Festival findet jeweils während einer Woche im Juni statt, um die Aprikosen zu verkaufen und weitere regionale Produkte bekannt zu machen. Handwerkliche Erzeugnisse aus Stoff, Holz, Ton und Stroh werden ausgestellt. Kulturelle Gruppen singen und führen Tänze auf. Es ist eine Initiative, die Freude bereitet und die Wirtschaft belebt.

8. Juli

Bei einer Heirat müssen Rituale befolgt werden. Dazu gehört, dass der Älteste der Familie des Bräutigams den Vater der Braut formell um die Hand seiner Tochter bittet. Dazu hat Dimas Vater heute fünfzehn Männer aus seiner Familie versammelt, zwanzig weitere kamen aus Munîrs Familie.

Sie trafen sich im Haus der Braut. Wir Frauen durften nicht dabei sein und warteten im Nebenzimmer auf den Segensspruch, um den Kaffee zu servieren. Die Reden der Männer nahmen kein Ende. Wir erfuhren, dass Dimas Vater zwar seinen Segen gab, aber noch die Zustimmung von Onkel Manuel, dem Priester von Gaza, haben wollte.

Dima ist katholisch und Anîs evangelisch getauft, und traditionsgemäss hat die Frau dem Mann ohne Widerspruch zu folgen. Doch die Familie der Braut wünschte die Zustimmung ihres Priesters.

Drei Stunden lang versuchten die Männer, ihn zu erreichen, aber die Telefonverbindung funktionierte nicht, weil es in Gaza keinen Strom gab. Die israelischen Behörden haben die Stromzufuhr auf wenige Stunden am Tag reduziert, und niemand weiss, wann diese Stunden sind. Endlich erreichten sie den Priester, der auch »Papst von Gaza« genannt wird. Er kann nicht ins Westjordanland reisen, weil die israelischen Behörden ihn dann nicht mehr nach Gaza zurückliessen. Er gab dem Brautpaar seinen Segen und sprach ein Gebet, das über Lautsprecher durchs ganze Haus hallte. Dann rief Dimas Vater: »Mädchen, her mit dem Kaffee!« Und das Trillern der wartenden Frauen setzte ein. Das Brautpaar darf sich jetzt in der Öffentlichkeit zeigen, und alle im Dorf wissen Bescheid.

13. Juli

Gestern fand die Verlobung von Anîs und Dima statt. Auf dem blumengeschmückten Dach des Brauthauses waren mehr als 200 Stühle aufgestellt. Kuchen und Süssigkeiten standen bereit, und alle hatten ihre schönsten Kleider angezogen. Nachdem der Pfarrer seinen Segen gegeben hatte, wurde mit Musik und Tanz gefeiert. Es war ein wunderbares Fest. Nun beginnen die Vorbereitungen auf die Hochzeit.

10. August
Heute ist ein besonderer Tag: Hâla ist nach dem Abschluss ihres Masters in Organisationskommunikation aus den USA nach Hause zurückgekehrt. Viele kamen zum Gratulieren und wollten sich durch sie in der Hoffnung bestätigt fühlen, dass auch ihre Kinder nach dem Studium im Ausland zurückkehren. Ich freue mich sehr, die Familie wieder beieinanderzuhaben. Hâla wird mir in unseren Familienaufgaben und bei meiner Arbeit mit den Frauen beistehen können.

18. August
Für die Hochzeit sind viele Verwandte aus dem Ausland angereist: mein Bruder Farhâd und Wafa, die Frau meines verstorbenen Bruders Bassâm, aus Florida; Firas, der Sohn meines ebenfalls verstorbenen Bruders Adnân, aus Texas, Munîrs Neffe Anîs und meine Schwester Hiâm mit ihrem Mann Issam aus San Francisco. Meine Schwester Nuha aus Amman hat seit zwölf Jahren nicht nach Hause kommen dürfen; mit ihr sind mein Onkel Isaak und seine Frau Munîra angereist, die gar seit fünfzehn Jahren nicht hatten einreisen dürfen. Es ist ein Wunder, dass sie ein Visum

bekommen haben, und die Freude darüber ist besonders gross. Auch meine Schwester Ibtisâm, die Zahnärztin aus Berlin, und Cousin Raed-Peter, der Kinderarzt aus Mönchengladbach, sind angereist. Dass sie gekommen sind, ist ein Zeichen grössten Respekts gegenüber dem Brautpaar und zeugt von der Verbundenheit mit der Familie.

21. August

Gestern ging ich wie gewohnt zu meiner Mutter, um ihr beim Waschen, Kämmen, Anziehen und Essen behilflich zu sein. Sie strahlte, als ich zur Tür hereinkam, und sagte: »Heute ist ein besonderer Tag, der Hennatag der Braut. Bring mir das schönste Kleid und auch die goldenen Armbänder, mein Kreuz, die Ohrringe und den Fingerring – ich will heute all meinen Schmuck tragen, was ich seit dem Tod meiner Söhne Bassâm und Adnân nicht mehr gemacht habe. Aber jetzt heiratet Anîs, und damit beginnt eine neue Zeit der Freude.« Am Abend begleitete ich sie zum Hennafest, das immer im Haus der Braut stattfindet. Sie war wie eine Prinzessin, strahlend in ihrem bestickten Trachtenkleid, und schon auf der Treppe zum Haus hinauf liess sie einen Jubeltriller hören. Uns kamen die Tränen vor Rührung.

Dima trug mein über hundert Jahre altes besticktes Kleid und den ebenso alten bestickten, mit goldenem Münzschmuck verzierten Hut meiner Grossmutter. Henna ist ein rot färbendes Pflanzengemisch, das, zu Teig verarbeitet, auf die Hände aufgetragen wird. Es soll Segen und Fruchtbarkeit bringen und die guten Geister ins Haus einladen.

Tante Nadia, einer Cousine meiner Mutter, kam die Aufgabe zu, der Braut Henna auf die Hände aufzutragen. Sie sang dazu ein spezielles Lied und sprach einen Segen aus. Die Frauen, alle in traditionellen Kleidern, wedelten mit bunten Tüchern, während sie im Kreis tanzten und das geschmückte Tablett mit dem Hennateig von einer zur anderen weiterreichten.

Danach luden wir alle Versammelten zu uns nach Hause ein. Im Garten und auf der Terrasse hinter der Küche sassen mehr als hundert Männer und Frauen. Drei Tage lang hatten etwa zehn Frauen das Essen vorbereitet: Gefüllte Zucchini und Auberginen, Weinblätter, gefüllt mit Reis und Fleisch, Braten und fünfzehn verschiedene Salate standen auf den zwanzig Tischen bereit. Unter der Weinrebe und den Pflaumenbäumen wurde getanzt und gefeiert. In einer Ecke begannen acht alte Frauen zu singen, unter ihnen meine Mutter. Ihre Lieder klangen so unbeschreiblich schön, dass wir den CD-Player ausschalteten. Alle stimmten in den Gesang ein. Von Zeit zu Zeit standen die Greisinnen auf, um zu tanzen, und ruhten sich dann wieder aus. Es war ein wunderbares, unvergessliches Geschenk.

23. August

Zum Hochzeitstag gehört das Ritual der Rasur des Bräutigams – selbst wenn es wenig zu rasieren gibt. Das grosse Wohnzimmer wurde ausgeräumt, es blieben nur ein Stuhl für Anîs in der Mitte und einer für meine Mutter. Über sechzig Männer und Frauen drängten sich ins Zimmer. Nachdem der Friseur dem Bräutigam das Gesicht gewaschen hatte, wurde dieser auf seinem Stuhl hochgehoben und tanzend durch den Raum und über die Veranda getragen. Dieser Tanz wurde nach dem Einseifen, Rasieren, Reinigen und Parfümieren jeweils wiederholt.

Die Männer trugen dabei verzierte Stöcke, die der Bräutigam ihnen geschenkt hatte. Die Frauen wedelten mit bunten Tüchern. Dazu wurde Arrak getrunken, und Frauen- und Männergesänge vermischten sich. Die Zeremonie dauerte mehr als zwei Stunden, bis alle erschöpft waren. Meine Mutter schmückte mit ihrer Anwesenheit den Raum. Sie ist achtzig Jahre alt und sehr krank. Es ist ein Geschenk des Himmels, dass sie unerwartet die Kraft gefunden hat, um an der Hochzeit auf diese Weise dabei zu sein.

Nach drei Stunden Pause begann der Hochzeitstanz Zaffeh: Der Bräutigam wurde von Hunderten von Leuten mit Tanz und Gesang von seinem Haus zur katholischen Kirche begleitet. Für den Weg, der eigentlich in einer halben Stunde zurückgelegt werden kann, brauchte man über zwei Stunden.

Neben dem evangelischen Pfarrer beteiligten sich der katholische, der griechisch-orthodoxe und auch der griechisch-katholische Pfarrer am Hochzeitsritual. Die Trauung war eindrücklich und stimmungsvoll. Am Abend fand im Garten der Kirche das Fest statt, an dem mehr als 800 Gäste teilnahmen. Die Hochzeit war ein Fest für alle, für die ganze Stadt.

Es war so schön, zusammen zu tanzen, selbst der fünfundsiebzig Jahre alte Onkel Isaak und meine Mutter wagten ein paar Schritte. Besonders berührt hat mich der Tanz von Hâla und Munîr: Sie, schön und grazil wie eine Prinzessin, passte sich im Rhythmus der Musik Munîrs weichen und eleganten Tanzschritten an, und so schwebten sie beide über die Tanzfläche. Hâla wirkte wie ein leuchtender Stern.

28. August
Vor ihrer Abreise luden wir alle Gäste aus dem Ausland zu einem gemeinsamen Essen ins Dorf Ein Arik bei Ramallah ein. Das Restaurant Fallaha im grünen Tal ist bekannt für sein Musachan: Hähnchen mit Zwiebeln, im Ofen geröstet, auf in Olivenöl getunktem Fladenbrot. Bis das Brot gebacken und die Hähnchen geröstet waren, genossen wir Mezze, die Vorspeise mit vielen köstlichen Salaten. Die Grossmutter des Restaurantbesitzers war die Schwester meines Grossvaters.

30. August
Meine Knie tun weh. Ich kann kaum noch stehen und gehen. Bereits an der Hochzeit musste ich mit Tanzen aufhören, obwohl ich so gerne tanze. Nach der Hochzeit sind die Schmerzen noch schlimmer geworden. Ich muss mich ausruhen und Kräfte sammeln. Ich warte auf die Gelegenheit für eine Knieoperation.

12. Oktober
Gemeinsam mit meiner Freundin Christa Wendling aus Kastellaun in Deutschland, die sich intensiv mit dem Labyrinth beschäftigt, habe ich die Idee von Labyrinthen in

Palästina entwickelt. Das Labyrinth ist ein uraltes Symbol, wir finden es in allen Kulturen. Heute erfährt es eine erstaunliche Wiederbelebung, getragen vom Bedürfnis nach Ritualen. Diese helfen, den Schmerz des Abschiednehmens auszuhalten und Angst, Unsicherheit, Verwirrung, Hilflosigkeit und Wut besser in den Griff zu bekommen.

Mir gefällt, was Christa darüber schreibt: »Das Labyrinth ist kein Irrgarten. Der Weg führt zur Mitte, zum Ziel. Wir können ihn voller Vertrauen gehen. In faszinierender Weise werden auf ihm ungezählte Lebensweisheiten ausgedrückt: Ziel setzen – Aufbruch ins Unbekannte – auf dem Weg sein – Wendung – Begegnung – Umkehr – die Mitte finden – ankommen. Die Mitte ist der Ort der Selbsterkenntnis und Erlösung. Der Weg, der uns nach innen führt, führt uns zugleich auch wieder nach aussen, zurück in unsere eigene Wirklichkeit, in unsere Lebenssituation.«

Vorgestern und gestern haben wir nun zwei Labyrinthe eingeweiht: eines nördlich von Jerusalem beim Kasr in unserem Weinberg, das andere südlich von Jerusalem bei der Talitha-Kumi-Schule in Bait Dschalâ. Christa und ich hatten die Labyrinthe geplant und gezeichnet. Unser Ziel war es, einen Gestaltungsraum für gewaltfreie Kommunikation und Friedenserziehung zu schaffen: begegnen, orientieren, glauben und hoffen.

In Talitha Kumi beteiligten sich fünfzig Schülerinnen und Schüler; sie hatten Bedeutung, Sinn und praktische Anwendung des Labyrinths in ihrem Seminar zur Friedenserziehung kennengelernt. Alle legten einen oder mehrere Steine auf die ausgebreiteten bunten Bänder, um die Struktur des Labyrinths zu festigen.

30. November
Erster Advent in Bern: Die Glocken läuten, die Sonne strahlt auf den Schnee. Ich bin noch ganz erfüllt von der gestrigen Feier zum neunzigsten Geburtstag von Samuel Maurer, dem Mann meiner verstorbenen Freundin Rosmarie Kurz. Die sechs Kinder mit ihren Familien musizierten so phantastisch, dass ich mich über die Wolken beglückt fühlte – geschenkte Momente der Unbeschwertheit, die ich bewusst wahrnehme und dankbar wirken lasse.

Seit 2003 organisiert OeME, die Fachstelle für Oekumene, Mission und Entwicklungszusammenarbeit der Reformierten Kirchen Bern-Jura-Solothurn, jeweils im Mai und November Seminare für Eltern und palästinensische, arabische und arabisch-schweizerische junge Menschen. Von Anfang an war ich an diesen Seminaren beteiligt, die auf Initiative von Albert Rieger ins Leben gerufen wurden.

Diesmal fasste ich unsere Situation wie folgt zusammen: »Die Fülle von Problemen und Sorgen auf allen Ebenen zermürbt die Menschen und lässt Gefühle der Angst, Depressionen und Verzweiflung aufkommen. Das ist verständlich, aber wir dürfen niemals dabei stehenbleiben. Wir wollen bewusst die positiven Kräfte in unserer Gesellschaft betrachten und sie nie aus den Augen verlieren. Wenn wir sie bündeln und sie uns bewusst vergegenwärtigen, fühlen wir uns gestärkt und sind in der Lage, positiv zu handeln. Ich nenne einige Beispiele: Die Menschen in Palästina sind müde und zunehmend enttäuscht von der politischen Führung. Viele sind entschlossen, ihre Kräfte für den Aufbau einer gesunden Gesellschaft einzusetzen. Unzählige Projekte in Erziehung, Wirtschaft und sozialen Bereichen werden durchgeführt. Im Mittelpunkt stehen Themen wie Transparenz, Aufrichtigkeit, Verlässlichkeit, Übernahme von Verantwortung, Umgang mit Formen der Korruption, die Erstellung eines Verhaltenskodex für Politiker und Beamte sowie die Arbeit in nichtstaatlichen Organisationen und an Schulen und Universitäten. Ich führe Seminare und Workshops mit Jugendlichen in Schulen, mit Studenten und mit Frauen durch: Es geht darum, Frieden in und mit sich selbst zu finden, um dadurch Frieden mit den anderen zu erreichen. Es geht um Selbsterziehung, um sich vor verletzenden Gefühlen zu schützen und den Umgang mit Provokationen, mit Wut, Angst und Ohnmacht zu lernen. Wie suche ich Lösungen, und wie verwalte ich meine Probleme, die keine Lösung zu haben scheinen? Wir bemühen uns um die Stärkung des Vertrauens und den Glauben an das Gute in uns selbst und in den anderen. Wenn ich lerne, gewaltfrei mit mir selbst umzugehen, meine Schuldgefühle anzusprechen und mich davon zu befreien und mir gegenüber Rechenschaft abzulegen, dann empfinde ich Stärke und Zufriedenheit. Ich empfinde innere Ruhe und Frieden. Mit der Zeit bestimmt diese Verhaltensweise meine Persönlichkeit, sie rettet mich und führt zu Freude und Erfolg. Wer das erreicht, wird auch anderen diese Werte und Prinzipien niemals verweigern. Durch Einfühlsamkeit und Mitgefühl werden beim Gegenüber ähnliche Verhaltensweisen geweckt, und das ist die Basis für Verständigung, Versöhnung und Frieden. Sie ist grundlegend für eine gesunde Gesellschaft.«

Wenn meine Schüler dann lächeln und strahlen, dann weiss ich, dass sie verstanden haben und erkennen, dass solche Seminare ihnen persönlich guttun, und dann bin ich glücklich. Sie kommen freiwillig immer wieder, um Neues zu lernen.

28. Dezember

Seit Monaten hat die israelische Armee den Gazastreifen aus der Luft angegriffen, und umgekehrt haben Kämpfer der Hamâs Dörfer und Städte in Israel mit Raketen beschossen. Es war, als hätte man sich an die kriegerische Situation gewöhnt und würde die Zahl der Toten und Verletzten nur noch stumm zur Kenntnis nehmen, weil die Kraft zur Empörung nicht mehr da ist. Israel will den Widerstand der in Gaza regierenden Hamâs brechen und einen im Juni 2006 bei einer Militäroperation festgenommenen israelischen Soldaten befreien. Dass es Hamâs-Kämpfer damals trotz der Zäune um Gaza geschafft hatten, durch einen Tunnel einen israelischen Militärposten zu überfallen und den Soldaten gefangenzunehmen, war für Israel ein schwerer Schlag.

Doch seit gestern wird im Gazastreifen mit einer Wucht Krieg geführt, die uns in Angst und Panik versetzt. Das Fernsehen zeigt die durch israelische Luftangriffe angerichteten Zerstörungen in Wohnquartieren und Schulen, überall. Die Telefonleitungen waren gestern überlastet, jetzt sind sie ganz verstummt. Über Mobiltelefone versuchen wir, Familien, Verwandte und Freunde ausfindig zu machen, besorgt um ihr Wohlergehen. In Birzeit kennen sich alle, die aus Gaza stammen, und sind miteinander verbunden, um Informationen auszutauschen. Sie kommen auch zu den Eltern unserer Schwiegertochter Dima, da ja ihr Onkel als Priester in Gaza lebt.

2009

10. Januar
Unzählige Male haben Dimas Eltern in den letzten Tagen versucht, den Onkel zu erreichen. Jetzt hat es endlich geklappt, und wir sind erleichtert, dass ihre Verwandten leben. Siham, Dimas Tante, die bei ihrem Bruder, dem Priester, weilt, erzählt am Telefon: »Es gibt keine Elektrizität und kein Wasser. Aber wir haben es gut, denn wir haben für die Kirche und die Schule eigene Generatoren. Auch haben wir eine eigene Zisterne. Wenn einmal nicht geschossen wird, eilen die Frauen zu uns, backen im Keller der Reihe nach ihr Brot, füllen ihre Krüge mit Wasser und verschwinden schnell wieder. Da wir Strom haben, laden viele ihre Mobiltelefone bei uns auf. Wenn Bomben fallen, wackeln die Wände, und wir können kaum schlafen. Eine Bombe hat eine Ecke des Schulhauses getroffen, aber Gott sei Dank ist niemand zu Schaden gekommen. Frauen suchen mit ihren Kindern Schutz und schlafen im Keller unter der Kirche. Ihre Häuser sind zerstört worden. Zurzeit schlafen im Keller mehr als vierzig Mütter mit ihren Kindern. Wir tun, was wir können. Wir sind dankbar und beten gemeinsam für das Leben, die Menschen und den Frieden.«

Immer wieder versuchen wir, Wisam telefonisch zu erreichen. Sie ist eine Freundin von Ghâda, hat an der Universität Birzeit studiert und lebt mit ihrem Mann und zwei Kindern in Gaza. Wir machen uns grosse Sorgen um sie.

12. Januar

Ich bin in Berlin. Das Erste Deutsche Fernsehen hat für den gestrigen Abend eine Talkshow mit der Moderatorin Anne Will zum Krieg in Gaza angekündigt. Letzte Woche hatte ich drei lange Telefongespräche mit den Verantwortlichen. Sie wollten herausfinden, was ich zum Thema sagen könnte. Daraufhin wurde ich zum Podiumsgespräch eingeladen, zusammen mit dem israelischen Dirigenten Daniel Barenboim, dem deutschen Menschenrechtsaktivisten Rupert Neudeck und dem früheren Botschafter Israels in Deutschland, Avi Primor.

Am 7. Januar gegen vier Uhr frühmorgens machte ich mich auf die Reise in die jordanische Hauptstadt Amman, um von dort aus nach Frankfurt zu fliegen. Palästinenser dürfen den Flughafen Tel Aviv, von dem ich nur eine gute halbe Stunde entfernt wohne, seit Jahren nicht mehr benützen. Der Weg nach Amman dauerte sechzehn Stunden, mit siebenmaligem Umsteigen und Wartezeiten unabsehbarer Länge, so dass ich bis zuletzt nicht wusste, ob die Ausreise glücken würde. Buchstäblich in letzter Minute vor der Schliessung der Grenze kam ich in Jordanien an. In der folgenden Nacht flog ich von Amman über Frankfurt nach Berlin. Ich schrieb in aller Eile eine Mail an meine Freunde, um meine Teilnahme an der Talkshow *Anne Will* anzukündigen.

Da rief mich Gertraud Auer an, die Generalsekretärin des Bruno Kreisky Forums für internationalen Dialog in Wien. Sie sagte: »Sumaya, ich sitze gerade mit Avi Primor beim Mittagessen. Er lässt dir ausrichten, dass die Sendung abgesagt worden ist.« Ich konnte es nicht fassen und rief beim Fernsehen an. Dort bestätigte man mir, dass das Thema der

Talkshow geändert wurde. Ein Vertreter des Senders traf sich dann mit mir und entschuldigte sich in aller Form; es sei peinlich und unbegreiflich, dass so etwas geschehe. Der Beschluss sei von höchster Stelle gefällt worden, es habe massiven Druck gegeben, die Sendung zu stoppen.

Ich hätte es ahnen müssen. Wie oft passiert es, dass Israel die Diskussion über ein Thema zu verhindern sucht, wenn es so klar im Unrecht ist wie jetzt im Krieg in Gaza. Ich sagte dem Herrn, ich könne kein Verständnis dafür aufbringen, dass man dem Druck, das Unrecht zu vertuschen, nachgebe. Damit mache man sich mitverantwortlich. Es fehle der Mut, die Unabhängigkeit zu wahren. Er versicherte mir, Anne Will werde die Sendung mit derselben Besetzung zu einer »günstigeren Zeit«, etwa im Frühjahr, nachholen. Statt über den Gazakrieg diskutierte man gestern Abend über einen Industriellen, der sich umgebracht hatte.

Meinen Freunden schrieb ich gestern: »Stellt euch mal vor, ich würde morgen zurück nach Palästina fliegen und müsste den Leuten sagen, dass die Sendung abgesagt wurde und ich vergeblich gereist sei. Welche Enttäuschung und Entmutigung in dieser schwierigen Zeit! Diese Vorstellung hat mich gequält und nicht schlafen lassen. So habe ich beschlossen, zwei weitere Tage in Berlin zu bleiben. Auf 3sat wird morgen Abend eine Sondersendung zum Krieg in Gaza live aus der Staatsoper Unter den Linden ausgestrahlt. Daniel Barenboim dirigiert ein Konzert des West-Eastern Divan Orchestra. In der Pause werden Barenboim, zwei weitere Personen und ich Stellung nehmen. Auch wenn es sehr kurz sein wird – höchstens acht Minuten lang –, so finde ich es gut.«

15. Januar
Es regnet in Strömen. Wir freuen uns sehr, denn es ist der erste starke Regen. Immer wieder geht Munîr auf die Veranda und prüft und notiert die Regenmenge im Messglas. Er erkundigt sich bei Ghâda nach der Niederschlagsmenge in Ramallah. Wir hören Nachrichten und freuen uns über die Wettervorhersage, die weitere Regentage ankündigt.

20. Januar
Der Regen hat aufgehört, und die Sonne glitzert auf den Bächen, die immer noch den felsigen Hang hinunterfliessen. Ich ging zu meiner Mutter. Sie sagte: »Der Segen Gottes, der uns den Regen gebracht hat, möge in jedem Haus wohnen.« Wir frühstückten zusammen, nachdem ich sie gewaschen, ihre Haare gekämmt und zu Zöpfen geflochten und sie angekleidet hatte. Sie sagte: »Das war ein Regen wie in alten Zeiten, und wir können auf eine gute Ernte hoffen.« Ich verabschiedete mich, um zum Weinberg zu gehen. Sie strahlte und sagte: »Geh hin mit Gott. Ich warte darauf, dass du mir berichten wirst, wie hoch das Wasser in der Zisterne steht.« Im Weinberg war alles in Ordnung, keine Bäume ausgerissen und keine Terrassen weggeschwemmt. Mit einem Holzstock, der an einer langen Schnur festgemacht war, massen Munîr und ich den Wasserstand in der vier Meter tiefen Zisterne, in der vom letzten Jahr kaum mehr Wasser geblieben war. Wir jubelten, als wir den Stock hochzogen: 102 Zentimeter. Welch ein Segen! Wir riefen Anîs an und teilten ihm die freudige Nachricht mit.

22. Januar

Die Evangelische Frauenarbeit in Wien, die unsere Arbeit unterstützt, hat mich gebeten, eine Erfolgsgeschichte aus unserer Friedensarbeit aufzuschreiben. Also berichtete ich von der jungen Frau im Seminar in Birzeit, die uns eines Tages mit einer Schramme im Gesicht aufgefallen war:

»Sie sei gegen einen Ast gestossen, sagte sie. Doch beim nächsten Treffen verrieten blaue Flecken im Gesicht, dass sie geschlagen worden war. Wir Frauen warfen ihr Blicke zu, die Mitgefühl und Verbundenheit zeigen sollten, aber niemand sprach sie darauf an. Wir machten einige Übungen zur Selbststärkung und besprachen Prinzipien von gewaltfreiem Denken, Fühlen, Sprechen und Handeln. Wie gehe ich gewaltfrei mit mir selbst um, wie trage ich Sorge zu mir, wie bestärke ich mich, wie bleibe ich ich selbst und behalte den Kopf oben, trotz oder gerade weil mir so viel Böses zustösst.

Es dauerte Wochen, bis die Frau zu sprechen begann und Hilfe suchte. Angst und Scham hatten sie fast erdrückt. Ihr Mann war seit vier Jahren arbeitslos und fand keine Stelle, weil er keine Identitätskarte hat, obwohl er hier geboren ist, immer hier gelebt hat und Haus und Land besitzt. Militärverordnungen sorgen dafür, dass viele Menschen ihre Identitätskarten verlieren und ihnen das Recht auf Leben im eigenen Land entzogen wird. Er wurde von Wut, Verzweiflung und Ohnmacht beherrscht. Die Frau arbeitete als Sekretärin und sorgte für die Familie mit drei Kindern. Wir waren uns einig, dass das Leben für sie, die Kinder und den Mann sehr schwierig war und sie alle Hilfe brauchten. Auch der Täter ist ein Opfer. Er wird sich selbst zum Feind, weil er weiss, dass er sich und anderen ein Unrecht antut.

Ich suchte Unterstützung. Eine Freundin erklärte sich bereit, die Schulgebühren für eines der Kinder zu übernehmen. Der Pfarrer und ich machten einen Plan, um den Mann zu gewinnen: In einem offiziellen Brief lobte ihn der Pfarrer, weil er seine Frau ermutige, zu den Seminaren zu gehen – dabei hatte er das Gegenteil davon getan. Durch das Lob wollten wir ihn dazu bewegen, Positives zu wagen. Als Belohnung seien dem Kind die Schulgebühren erlassen worden. Der Mann war überrascht, und er begann die Fortbildungsseminare mit anderen Augen zu sehen. Von nun an ermunterte er seine Frau, an die Seminare zu gehen, und kümmerte sich währenddessen um die Kinder. Er wartete gespannt auf die Unterlagen der Seminare, um sie auch zu lesen, und es entwickelten sich gute Gespräche zwischen den beiden. Dann bat ich den Pfarrer, dem Mann für einen symbolischen Lohn eine Aufgabe zu übertragen, damit sein Selbstwertgefühl wieder wachse. Ihm wurde dann eine Aufgabe im Bereich der Familiensozialberatung angeboten, für die er zusammen mit seiner Frau eine Einführung von mindestens zehn Sitzungen zu besuchen hatte. Dort konnte er an sich selbst arbeiten und verstehen lernen, was in ihm vorging und wie er mit seinen Problemen und Gefühlen zurechtkommen könnte. Dieser Prozess ist notwendig, um Menschen zur Selbsthilfe anzuleiten. Er war danach wie neu geboren, dankbar und voller Energie. Er bekam eine richtige Stelle als Berater für Jugendliche und sozial schwierige Familien, und seine Frau mit ihrer Erfahrung begleitet nun andere Frauen.«

26. Januar
Endlich, acht Tage nach Beginn einer Waffenruhe in Gaza, habe ich heute Ghâdas Freundin Wisam am Telefon erreicht. »Es ist so schlimm gewesen, dass ich kaum glauben kann, dass wir noch leben«, sagte sie. »Ich habe meine beiden Kinder fest an mich gedrückt und ihnen Lieder vorgesungen, um sie zu beruhigen. Ich war sicher, dass wir gemeinsam sterben würden. Viele Häuser sind zerstört worden, es gab viele Tote, auch in unserer Nachbarschaft. Auch jetzt, wo es vorbei ist, mag ich nicht nach draussen gehen, ich will nichts wissen. Am meisten leiden wir jetzt unter dem häufigen Ausfall der Elektrizität und dass wir nicht wissen, wann sie funktioniert. Manchmal starte ich mitten in der Nacht die Waschmaschine und hoffe, dass es auch noch für eine zweite Wäsche reicht. Die Lebensmittel sind knapp, wir sind froh, wenn uns nur ein Bruchteil von dem, was wir nötig haben, erreicht. Aber wir danken Gott, dass wir noch leben, es geht uns gut im Vergleich zu anderen.«

30. Januar
Das Seminarthema dieser Woche: Versöhnung der Religionen. Zum Einstieg sprachen wir über ein schönes Ereignis: Vor wenigen Monaten ist in Madaba in Jordanien, wo zehn Prozent der Bewohner Christen sind, eine Moschee eingeweiht worden, die den Namen Issa ibn Maryam – »Jesus, Sohn der Maria« – trägt. Die Innenwände sind geschmückt mit Suren aus dem Koran, in denen Jesus und Maria verehrt werden. Diese Moschee ist ein Symbol für die Umarmung von Christentum und Islam und bezeugt das Gemeinsame

der Religionen. Das Akzeptieren und Respektieren der Andersgläubigen und Andersdenkenden ist grundlegend für Versöhnung und gemeinsames Wachsen. Wohl zum ersten Mal in der Geschichte der islamischen Länder wurde eine Moschee mit dieser Idee und diesem Ziel gebaut. Unsere Hochachtung gilt nicht zuletzt der Familie Uteibi, die die Moschee finanzierte. Unsere Aufgabe ist es, über solche Ereignisse dankbar zu berichten und davon zu lernen.

5. Februar

Ghâdas zweites Kind, Dara, ist geboren. Eine grosse Freude! Ghâda studierte in Birzeit englische Sprache und Übersetzung und in England Friedensforschung. Sie arbeitete danach sieben Jahre am Public Health Institute der Universität Birzeit. Als Dara unterwegs und Rina noch nicht zwei Jahre alt war, wollte sie für einige Zeit das Muttersein geniessen und für die Familie da sein. Wir alle unterstützen sie.

14. Februar

Heute hat in Berlin das Jahresfest des Jerusalemsvereins stattgefunden, der verschiedene Schulen und Gemeinden unterstützt, unter anderem »meine« Schule Talitha Kumi. Gern habe ich teilgenommen, vor allem weil meine israelische Freundin Hanna ebenfalls eingeladen war. Wir hatten uns kennengelernt, als sie jemanden suchte, der ihr die Namen von Rosen ins Arabische übersetzte. Wir hatten uns über das Interesse an der Natur angefreundet, uns aber selten und schon lange nicht mehr treffen können, denn als Palästinenserin darf ich nicht ohne Genehmigung des Militärs nach Jerusalem, und diese Genehmigung wird selten erteilt.

Man hatte mich gebeten, über positive Entwicklungen zu sprechen, und ich suchte sie wie die Nadel im Heuhaufen und hielt einen Vortrag über »Frieden, Hoffnung, Sehnsucht«. Die Sehnsucht nach einem Hoffnungsschimmer teilen alle, die sich um Israel und Palästina sorgen. Einzig die Hoffnung bringt uns vorwärts. Ich sagte unter anderem: »Erziehung zur gewaltfreien Kommunikation gibt die Orientierung in die richtige Richtung. Wir lernen Werte und Ideale unserer drei Religionen und Kulturen Judentum, Christentum und Islam kennen, Werte, die uns verbinden. So können wir einander anerkennen und wertschätzen. (...) Unsere Pflicht ist es, eine friedliche und diplomatische Lösung anzustreben, damit Leid und Schmerz enden und eine bessere Zukunft für alle, für Palästinenser und Israelis, möglich wird. Wir brauchen Bücher, Musik, Tanz und die Belebung der Kultur – Dinge, die Freude und Hoffnung bringen. Wir brauchen offene Strassen und Bewegungsfreiheit, damit wirtschaftlicher Aufbau und ein normales Leben möglich werden. (...) Niemals dürfen Diskriminierung, Unterdrückung, Vertreibung und Tötung eine Rechtfertigung finden. Wir müssen uns einig sein, dass niemals Zivilisten missbraucht oder angegriffen werden. (...) Wie bringen wir unsere Menschen dazu, Terror als Terror zu benennen und ihn zu verurteilen, egal ob ihn Einzelpersonen, politische Parteien, das Militär oder die Regierung ausüben? Einzig und allein der diplomatische Weg führt zu einer Beilegung des Konflikts, und zwar wenn der angestrebte Kompromiss für beide Seiten als Gewinn gesehen werden kann und nicht als Verlust.«

18. Februar
Zweiundzwanzig Tage lang hat die israelische Armee im Dezember und Januar Krieg gegen die in Gaza regierende Hamâs und ihre Miliz geführt. Jetzt, einen Monat nach Beginn der Waffenruhe, dokumentieren palästinensische und israelische Menschenrechtsorganisationen das Ausmass der Tragödie. Nach Angaben von al-Haq (»Das Recht«), die mit der Internationalen Juristenkommission in Genf verbunden ist, wurden 1400 Palästinenser getötet, zu achtzig Prozent Zivilisten, darunter viele Kinder, und mehr als 5000 wurden verletzt. Noch nie zuvor hat es derart massive Zerstörungen von ziviler Infrastruktur, wie Schulen, Krankenhäuser, Moscheen, Farmen, Wohnhäuser und UNO-Gebäude, gegeben. Israelische Soldaten missbrauchten Zivilisten als Schutzschilde, folterten und misshandelten Gefangene.

Dazu eines der vielen Zeugnisse, die al-Haq gesammelt hat: »Ich öffnete die Tür und sah 25 bis 30 Soldaten mit M-16-Gewehren. Sie trugen grüne Militäruniformen. Mein Nachbar Mahmûd Thaher stand vor ihnen, die Soldaten hatten ihr Gewehr auf seinen Rücken gerichtet. Einer der Soldaten zielte mit seinem Gewehr auf mich, befahl mir, mich auszuziehen und umzudrehen. Nachdem er mich durchsucht hatte, befahl er mir, das Gewehr weiterhin auf mich gerichtet, vor ihnen ins Haus zu gehen. Sie stürmten mein Haus, durchsuchten es gründlich, warfen alles auf den Boden und richteten grosse Zerstörung an. Nach Durchsuchung der beiden Stockwerke befahlen sie mir und Mahmûd, vor ihnen auf das Dach zu steigen, mitten in einem Feuerwechsel« (Auszug aus der eidesstattlichen Erklärung Nr. 4677/2009, abgegeben von Madschdi al-Abed Abd Rabbo, wohnhaft in Dschabalija, Gouvernement Nordgaza, Gazastreifen).

Israel hat seine Kriegsziele nicht erreicht. Die Hamâs sieht ihre Position gestärkt, und der gefangene israelische Soldat ist nicht befreit worden.

15. März

Gegen sieben Uhr morgens rief uns unser Freund und Verwandter Ghassan völlig aufgelöst an: »Die Siedler von Ateret haben in Makatha 200 meiner Weinstöcke umgesägt. Adnân war mit seinem Traktor am Pflügen, als sie auf ihn zurannten und ihm drohten, ihn zu töten, falls er sich wehre oder per Telefon um Hilfe rufe.« Wir fuhren sogleich hin. Die fünf Minuten Fahrt kamen uns vor wie Stunden. Viele Dorfbewohner waren gekommen, um sich den Schaden anzusehen und vor allem um Ghassan und seinem Bruder Adnân beizustehen und Solidarität zu zeigen. Adnân berichtete: »Es waren zwölf bewaffnete Männer. Sie zwangen mich auf den Boden, mit den Händen hinter dem Kopf. Ich hörte das Dröhnen der Sägen und heulte. Es war, als würden sie meinen Körper zersägen. Drei Jahre lang haben wir die Reben sorgsam gepflegt, und sie sollten jetzt die erste Ernte bringen. Wie oft habe ich jede von ihnen angefasst und wie sehr habe ich mich über ihr Wachstum gefreut. Ich habe mir oft vorgestellt, wie üppig die Ernte werden würde. Jetzt ist alles hin. Ich sah ihnen nach, als sie mit ihren Gewehren den Hang hinaufliefen, und weinte.« Wir versuchten zu trösten, aber es war nur ein schwacher Trost. Wir versicherten ihnen, dass wir alle gemeinsam helfen würden, neue Reben zu pflanzen.

Die Siedlung Ateret ist nur wenige Kilometer von Birzeit entfernt. Sie wurde auf Ländereien von Birzeit, Atara und Im Safa erbaut. Anfang der 1980er Jahre hatten vierundneunzig Menschen aus Birzeit und zahlreiche weitere Familien in den Nachbardörfern einen Brief vom israelischen Militärgouverneur erhalten. Darin stand, mit Angabe von Parzellennummer und Fläche, ihr Stück Land werde gemäss Militärverordnung der öffentlichen Nutzung zugeführt. Die Familien verloren ihren Privatbesitz und konnten nichts dagegen tun, denn es herrscht Militärbesatzung. Ateret wird Jahr um Jahr erweitert und verschluckt mit Gewalt immer mehr Land der benachbarten Dörfer. Die Siedler sind bewaffnete Zivilisten, die auch als uniformierte Soldaten auftreten. Ihre Gewalttätigkeiten sind keineswegs spontane Einzelaktionen, sondern geplant vom zuständigen Regionalrat für Siedlungen, der dem Ministerium für Siedlungen angegliedert ist. Ghassans Weinbau in Makatha umfasst grosse Flächen; er hat in zehn Jahren ein erfolgreiches Weinbauunternehmen geschaffen. In Zusammenarbeit mit dem Kloster Latrun bei Jerusalem exportiert er jährlich rund 6000 Flaschen. Die Siedlungsplaner wollen ihn stoppen.

18. März

Anfang des Monats besuchte uns Suhair, der Mann meiner Freundin Fadwa, die mit mir in Talitha Kumi zur Schule ging. Suhair arbeitet in Burin, seinem Heimatort. Entsetzt berichtete er über die Gewalt israelischer Siedler, die dort drei Viertel der Dorfländereien geraubt hätten. »Mit Demütigungen, Drohungen und Gewalt terrorisieren sie unser Dorf. Vor allem Kinder leiden sehr darunter. Die Siedler greifen mit Waffen an und schiessen auf unsere Leute. In letzter Zeit sind vier Dorfbewohner verletzt worden, einer schwebt in Lebensgefahr. Sie haben über 100 000 Quadratmeter Land mit dem Bulldozer durchwühlt – Land, das mit Weizen, Gerste und Hülsenfrüchten bepflanzt war. Unter dem Schutz von Soldaten zerstörten sie die Felder. Die Landbesitzer sahen aus der Distanz zu, weinten und schrien, sie sollten aufhören. Sobald sie näher kamen, schossen die Soldaten in ihre Richtung. Als nach vier Stunden das Zerstörungswerk vollendet war, fuhr ein Auto mit Siedlern vor, und über Lautsprecher brüllten sie: ›Das ist eine Lehre für euch, nie wieder dürft ihr dieses Land bepflanzen!‹ So wird die Lebensgrundlage unserer Bauern vernichtet.«

Ich konnte es zunächst nicht fassen, wie aggressiv israelische Siedler im Schutz der Besatzung vorgehen. Doch die Menschenrechtsorganisation al-Haq dokumentiert in ihren Berichten Hunderte solcher Übergriffe. Da las ich zum Beispiel:

»Am 19. Januar 2009 wurden der sechzehnjährige Jûssuf Mûssa und sein siebzehnjähriger Freund Muhammad Kandil beschossen, als sie auf dem Weg zur Wasserquelle in Kariut waren, einem Dorf bei Nablus. Jûssuf wurde mit einer Kugel im Arm ins Krankenhaus eingeliefert. Er erzählte: ›Wir bemerkten, dass Siedler sich uns näherten. Wir standen auf und flohen in die Richtung, aus der wir gekommen waren. Sie rannten hinter uns her und schossen auf uns. Nach hundert Metern schaute ich zurück und sah, dass sie Gewehre hatten, lange und kürzere. Als wir etwa 700 Meter gerannt waren und keine Schüsse mehr hörten, liessen wir uns total erschöpft auf den Boden fallen, mit dem Gesicht nach unten. Ich merkte, dass mein Arm schwer geworden war, und sah, dass mich eine Kugel hinter dem Ellbogen getroffen hatte. Ich blutete, und wir rannten weiter, voller Panik, sie könnten uns verfolgen und erschiessen‹« (Auszug aus der eidesstattlichen Erklärung Nr. 4641/2009).

Die Geschichte macht mich traurig, und ich fühle mich schwach. Ich mag nicht mehr weiterlesen. Ich sage mir: Es gibt genügend Informationen und massenhaft Beweise für Menschenrechtsverletzungen, auch bei israelischen Organisationen, die sich seit mehr als vierzig Jahren für Menschenrechte einsetzen. Wer es wissen will, kann es wissen. Nur wollen es die meisten nicht, selbst wenn sie es ahnen. Sie fliehen vor der Realität und stehlen sich aus der Verantwortung. Deshalb sagen wir allen: Sagt nicht, ihr hättet nichts gewusst!

9. April

Friedensarbeit und Friedenserziehung beruhen auf der Grundlage von gewaltfreiem Denken, Sprechen, Fühlen und Handeln.

Mit allen Zielgruppen behandeln wir in unseren Seminaren das Thema »Prozessbeschreibung im Umgang mit Verletzungen«. Ausgangspunkt sind folgende Überzeugungen:

– Jeder Mensch wird mit einem wunderbaren Kern geboren. Es liegt an einem selbst, dieses Wunderbare zum Blühen zu bringen.

– Jeder Mensch ist anders, jeder ist einzigartig, und das ist ein Reichtum.

– Körper, Geist und Seele sind aufeinander abgestimmt, ihre Wechselwirkungen legen das Befinden eines Menschen fest. Die Gedanken bestimmen die Taten und die Gefühle. Die Gefühle beeinflussen die psychische Verfassung, prägen die Befindlichkeit der Seele. Wie ich mich fühle, hängt davon ab, wie ich denke.

Bewusste Achtsamkeit, Beobachtung und Hinterfragen der eigenen Gedankengänge erleichtern das Verstehen der eigenen Gefühle. Es öffnet mir die Augen für das, was in mir selbst vor sich geht. Es ermöglicht die Selbstkontrolle und Selbstbeherrschung und bestimmt meine Gedanken, Gefühle und Taten, die wiederum mein Wohlbefinden beeinflussen. Wenn ich die Führung, die Zurechtweisung und Verantwortung für mich selbst übernehme, dann umsorge und schütze ich mich. Dann bin ich froh, zufrieden, und mir geht es gut!

Wie gehe ich mit Verletzungen, Provokationen, Wut und Zorn um?

Jeder kennt Situationen, in denen er sich verletzt fühlt, und dieses Gefühl ist echt und muss respektiert und ernst genommen werden, auch wenn andere die Sache belanglos finden. Ich beschliesse, den Frieden in mir selbst und mit mir selbst zu finden, um den Frieden mit den anderen zu erreichen.

Prozessbeschreibung:
Ich fühle mich durch eine Person, eine Sache oder eine Situation verletzt. Ich empfinde Schmerz, bin irritiert, und

es drängt mich nach einer Reaktion, nach Gegenwehr und Schutz. Dies ist mein Recht, und mein Verlangen ist gross, Stellung zu nehmen, mich zu verteidigen. Es gibt verschiedene Wege des Verhaltens:

Eine erste Verhaltensweise: Ich bin höchst erzürnt, ich könnte platzen. Mein Herz schlägt schneller, mein Puls rast, mein Gesicht wird rot, meine Stimme zittert, und womöglich laufen gleich Tränen. Mir ist es sehr peinlich, es schmerzt. Ich raffe mich auf und reagiere sofort, ich provoziere und verletze ebenfalls, indem ich zurückschlage. Gelingt mir dies nicht so, wie ich es wollte, dann ärgere ich mich noch mehr. Egal wie stark ich zurückschlage, meistens bin ich nicht zufrieden, denn ich hätte stärker schlagen sollen. Je mehr ich darüber nachdenke, desto mehr vertieft sich der Schmerz in mir. Ich überlege und plane die nächste Konfrontation. Mich beschäftigt die Sache beim Essen, beim Lernen, Autofahren, Arbeiten, und sie stört meinen Schlaf. Ich bin gereizt, und jeder Hauch, der mich an die Person erinnert, führt zu neuer Anspannung: Ein Wort oder ein Gegenstand, der die Farbe ihres Hemdes hat, kann den Schmerz wecken und die Verbitterung vertiefen. Viel Energie geht verloren, und mein Befinden verschlechtert sich. Ich bin mutlos und verzweifelt. Negative Gedanken nehmen mich gefangen im Kreislauf der Gewalt und der Verletzungen.

Eine zweite Möglichkeit des Verhaltens: Ich fühle mich verletzt und nehme mir vor, die Verletzung als solche abzulehnen. Ich will mir vormachen, es sei mir gleichgültig: Mich kümmert das nicht, ich tue so, als wäre nichts geschehen. Ausweichen, um Streit zu vermeiden, um des Friedens willen. Doch es schmerzt dennoch. Man ärgert sich, macht sich Vorwürfe, weil man sich nicht gewehrt hat, weil man sich als schwach empfindet oder denkt, man werde von den anderen zum Schwächling gestempelt. Die Angst wird wach, ich würde wieder und wiederholt angreifbar sein. Schuldgefühle treten auf, ich werde den Gedanken an die Verletzung nicht los und leide. Die Verletzung verdrängen zu wollen ist also keine Lösung.

Auf dem dritten Weg wagen wir folgende Gedanken- und Gefühlsschritte: Sobald ich merke, dass mich negative Gefühle belasten, beginnt der Prozess. Ich beobachte, was in mir vorgeht, nehme meine Gefühle bewusst wahr und benenne sie, ich zeige mir gegenüber meine Wünsche in diesem Moment, folge meinem Gedankengang und versuche zu verstehen, um mein Verhalten entsprechend zu bestimmen. Dies sind die ersten Schritte zum Umgang mit Angst, Stress, Verletzung, Provokation und um die schweren Gefühle ertragen zu können und sie in eine positive Richtung zu lenken.

Ich lerne, Ruhe zu bewahren, und trete einen Moment aus meinem Rahmen heraus. Ich lerne, mit mir selbst den Dialog zu führen, und nehme mich wahr als eine Freundin, die mich bestens kennt, meine Stärken und Schwächen, die mit mir fühlt und das Gute für mich will und vor der ich nichts verbergen kann.

Ich beschliesse, den positiven Weg zu wagen. Ich besänftige mich, weil ich mich selbst schützen will. Ich lasse das Gute in mir zur Geltung kommen, ich schöpfe Kraft aus dem Schönen, das ich erlebt, und aus dem Guten, das ich erfahren habe. Bei jedem guten Gedanken sage ich mir:

Bravo! Das stärkt und führt mich zu den nächsten Schritten. Ich gehe von der guten Absicht aus und sage mir: Der andere hat es sicher nicht so gemeint, vielleicht ist es ihm einfach herausgerutscht. Ich versetze mich für einen Moment in seine Lage, und mir kommt der Gedanke, dass er vielleicht Probleme hat, Schwieriges bewältigen muss, vielleicht traurig ist, unglücklich. Sobald ich das denke, erkenne ich, wie gross mein Herz ist, wie viel Gutes in mir steckt. Ich lächle und freue mich. Ich fühle Ruhe und Kraft, es klappt: Bravo! Ich gehe in die zweite Phase über: Ich begegne dem anderen mit etwas, womit er nicht gerechnet hat, ich ändere die Spielregeln und sage: Sicher hast du es nicht so gemeint, oder? Die Person wird irritiert durch diese unerwartete Aussage, und das »Oder« lädt ein zu der schnellen Antwort: Nein, ich habe es nicht so gemeint. Der Raum wird geöffnet, um einen Rückzieher zu machen oder ein positives Überdenken zu ermöglichen. Schon ist das wie eine Entschuldigung, und das Problem ist behoben.

Auch wenn die Person darauf besteht, dass sie es wirklich so gemeint hatte, und sie mich in ihrem Gekränktsein am liebsten noch weiter kränken würde, bleibe ich bei meiner Behauptung. Ich will verstehen, dass es nicht so gemeint war, und ich sage: Ich verstehe jetzt deine Reaktion, erkenne deinen Schmerz, und es tut mir sehr leid. Danke, dass du mir deine Gefühle anvertraust. Es liegt ein Missverständnis vor, ich wollte dich niemals ärgern oder verletzen, ich war mir nicht bewusst, was ich angestossen habe. Ich gestehe mir selbst ein: Da bin ich ausgerutscht, ich war wenig achtsam und unsensibel. Und ich sage dem anderen: Wenn wir uns beruhigt haben, sprechen wir darüber, morgen oder später. Sollte er oder sie sagen: Nein, ich will nicht mit dir sprechen, will dich nie wiedersehen, dann bleibt mir nur zu sagen: Ich respektiere deinen Schmerz, verstehe und akzeptiere die Ablehnung. Auf Wiedersehen. Ich sage mir dann: Bravo, denn ich habe den Kreislauf von Gewalt und Gegengewalt erkannt und zu stoppen versucht! Ich stärke mich selbst, indem ich ruhig ein- und ausatme und lächle.

22. April

Seit Monaten fragen wir uns mit Sorge, wie Anîs seine Fortbildung als Neurologe machen könnte. Palästinenser, die im Ausland Medizin studieren, müssen in Palästina ein Trainingsjahr mit anschliessender Zulassungsprüfung absolvieren. So schreibt es das Gesundheitsministerium vor. Anîs hat das hinter sich gebracht und dann drei Jahre als Allgemeinarzt gearbeitet. Jetzt ist die Zeit für die Spezialisierung in Neurologie gekommen. Mit Hilfe von Schweizer Freunden erhält er im Juli eine Stelle in der Schweiz, in der Rheuma- und Rehabilitationsklinik in Leukerbad. Die Schweizer Behörden haben das abgeschlossene Medizinstudium an der Universität Innsbruck und die Prüfung des palästinensischen Gesundheitsministeriums anerkannt. Für die weitere Fortbildung hat sich Anîs bei der neurologischen Schön Klinik in Bad Aibling beworben und einen Arbeitsvertrag erhalten. In Deutschland sind die Ärztekammern für die Zulassung der Assistenzärzte zuständig. Die Bayerische Landesärztekammer erkannte die palästinensischen Prüfungen und Dokumente aber nicht an, da Palästina kein Staat sei und es zwischen Deutschland und Palästina keine bilateralen Beziehungen im medizinischen Bereich gebe. Anîs und wir mit ihm leiden unter der blockierten Situation. Wir sagen uns: Sogar in der medizinischen Weiterbildung zeigt sich die Notwendigkeit eines international anerkannten Staates Palästina. Das ist es, wofür wir kämpfen: Wir wollen einen souveränen Staat, und wir haben ein Recht darauf. 1947 beschlossen die Vereinten Nationen, dass zwei Staaten entstehen sollten, Israel und Palästina. Israel existiert seit mehr als sechzig Jahren, Palästina kämpft immer noch um seine Existenz.

3. Mai

Heute Sonntag bin ich früh zu Mutter gegangen. Sie wartete schon auf mich, denn der Priester würde nach dem Gottesdienst kommen, um ihr das Abendmahl zu reichen. Ich half ihr wie immer beim Waschen und Kämmen und zog ihr das schön bestickte Kleid an. Wir zündeten im Wohnzimmer eine Kerze an und warteten. Bald kam der Priester mit zwei Ministranten, der eine trug das Weihrauchfass, der andere das Kupferkesselchen mit Weihwasser und einem Olivenzweig. Wenn der Priester mit dem Kelch mit Brot und Wein auf der Strasse unterwegs ist, darf er nicht sprechen. Falls jemand grüsst, antworten die Jungen und weisen auf die Mission des Priesters hin. Die Leute, auch Muslime, bleiben einen Moment stehen, neigen voller Ehrfurcht den Kopf und gehen dann weiter.

Singend betrat der Priester das Wohnzimmer, und wir stimmten in den Gesang ein. Dann gab er Mutter und mir das Abendmahl und segnete uns. Mit dem Olivenzweig besprühte er alle Zimmer mit Weihwasser und segnete Familie und Haus.

Mutter fühlte sich danach wie neugeboren und sagte: »Ich möchte zu meiner Schwester Asiseh gehen und meine Cousine Nadia besuchen.« Ich begleitete sie nach dem Mittagessen dorthin. Die Frauen freuten sich sehr, einander zu sehen.

5. Mai

Hâla und ich begleiteten Mutter heute zum Arzt nach Ramallah. Mutter hat zwar eine Krankenversicherung für Behandlungen in der öffentlichen Klinik von Ramallah, aber weil man dort oft stundenlang warten muss und dies für meine schwerkranke Mutter eine Qual wäre, brachten wir sie, trotz der hohen Kosten, in eine Privatklinik. Das Auto mussten wir weit entfernt parken und dann zu Fuss gehen. Hâla und ich hakten uns bei Mutter ein, und hin und wieder mussten wir sie tragen. Wir gingen an den Verkaufsständen am Strassenrand vorbei. Ihre Augen leuchteten; sie wollte alles anfassen. Immer wieder blieben wir stehen. Die Verkäufer eilten herbei, brachten einen Hocker für Mutter, und sie setzte sich lächelnd und fröhlich hin, als wären ihre Schmerzen verschwunden. Sie kaufte Gemüse, Obst, Süssigkeiten und Brot, und am liebsten hätte sie noch viel mehr mitgenommen. Wir sagten immer wieder: »Mutter, wir müssen in die Klinik.« – »Macht euch keine Sorgen«, erwiderte sie dann, »das schaffen wir schon, denn die Sonne scheint noch. Die Klinik ist lange geöffnet.« Wir liessen sie diese Freude geniessen, denn seit Monaten war sie nicht mehr auf den Markt oder einkaufen gegangen. Nach dem Arztbesuch holten wir noch die Medikamente und fuhren heim. Mutter sagte: »Ich danke euch, es war ein schöner Tag.« Hâla bereitete das Abendessen für Mutter, wir blieben, bis sie gegessen hatte, und brachten sie zu Bett.

6. Mai

»Nimmst du mich mit zum Weinberg?«, fragte Mutter heute. »Sicher«, antwortete ich. Nach Arbeitsschluss brachte uns Munîr mit dem Wagen hin.

Der Weinberg mit dem runden Steinturm, dem Kasr, den wir vor einigen Jahren wieder aufgebaut hatten, ist ein Ort der Begegnung und der Freude geworden. Viele Menschen, junge und alte, kommen, weil sie sich ausruhen oder sich treffen und reden möchten.

Auch Anîs findet im Weinberg einen Ausgleich zur Arbeit. Er pflegt die Bäume und pfropft sie, baut Terrassen und sorgt für gemütliche Begegnungsecken.

Mutter setzte sich oben auf den Kasr mitten im Weinberg, schaute in die Ferne über die Berge, atmete tief ein und sagte: »Die Luft ist hier so frisch wie in Jaffa, wo ich damals als Braut mit Vater für kurze Zeit gewohnt habe.« Und sie erzählte, wie Vater sie einmal an den Strand mitgenommen hatte: »Ich hatte so etwas nie zuvor gesehen. Ich war schockiert, dass Frauen und Männer in Badehosen halbnackt am Strand spazierten und im Meer badeten. Für mich war das Sünde, ich schämte mich für sie, schimpfte mit Vater und wollte auf der Stelle weg von dort. Später erinnerte mich Vater oft an dieses Ereignis, und wir lachten darüber.«

7. Mai

Ich bin über Jericho nach Amman gereist, um von dort für eine Lese- und Vortragsreise in die Schweiz zu fliegen. Für die achtzig Kilometer habe ich vierzehn Stunden gebraucht, wegen der vielen Checkpoints auf dem Weg und wegen der sieben Kontroll- und Umsteigestationen beim Grenzübergang.

In der Schweiz angekommen, fühle ich mich wohl. Ich bin froh, alles hinter mich gebracht zu haben. Es ist für mich ein Genuss, zu erleben, wie normal hier alles verläuft – keine Kontrollen auf der Strasse, niemand fragt nach dem Ausweis, und wenn jemand etwas plant, kann man damit rechnen, dass es auch klappt. Ich reise für meine Vorträge von Ort zu Ort und freue mich jedes Mal, dass die Züge zuverlässig fahren und ich wie geplant erwartet werde.

2. Juni

Der Norden des Westjordanlandes entleert sich zunehmend von christlichen Palästinensern. Nur in sechs Städten leben noch christliche Familien. Wegen der Checkpoints und der vom Militär aufgezwungenen Bewegungseinschränkungen sind sie von den Christen weiter südlich abgeschnitten. Sie fühlen sich verlassen und fremd im eigenen Land. Politischer und religiöser Fundamentalismus ängstigt sie, und sie neigen dazu, sich zu isolieren und möglichst unsichtbar zu machen. Der anglikanische Pfarrer in Nablus hat es sich zur Aufgabe gemacht, christliche Jugendliche regelmässig zu Veranstaltungen einzuladen. Am 1. Mai habe ich mit ihm in Nablus ein Tagesseminar für fünfundvierzig junge Christen abgehalten. Dabei suchten wir Antworten auf folgende Fragen: Welche Probleme haben wir als Christen, und wie gehen wir damit um? Wie schütze und entwickle ich meine Identität als Christ? Welche Rolle spiele ich als Christ in meiner Umgebung? Auch sprachen wir über unseren Beitrag zu Verständigung, Koexistenz, Versöhnung und zu Friedensprozessen.

Jedes Jahr organisiert der Christliche Jugendbund in mehreren Städten Sommercamps für Jugendliche. Morgen beginnt das darauf ausgerichtete »Leadership Training« für sechzig Jugendliche, an dem ich mit Ghâda teilnehme. Dabei geht es um die Leitung der Sommerlager, den gewaltfreien Umgang mit Kindern und Jugendlichen, gewaltfreie Erziehung. Es wird dazu acht Seminare und Workshops geben.

10. Juni

In der ersten Juniwoche organisierte Rozana ein Kulturfestival in Birzeit. Ziel der Organisation Rozana ist die Belebung, Erhaltung und Entwicklung des Kulturerbes in den Bereichen Architektur, Kunst, Folklore, Handwerk und Landbau. Man möchte damit auch eine Ausweitung des Tourismus in den ländlichen Gebieten Palästinas erreichen, um bessere Arbeits- und Lebensgrundlagen zu schaffen. Die Renovierung des alten Kerns von Birzeit ist in Planung, und deren Finanzierung wird von skandinavischen Ländern in Aussicht gestellt. Unter Aufsicht des Riwaq Center for Architectural Conservation wurde damit begonnen, aus der Altstadt von Birzeit ein lebendiges Museum zu machen.

Tausende von Besuchern kamen ans Festival, um verschiedenste Künstler aus den meisten Regionen Palästinas mit Musik, Gesängen, Tänzen und Ausstellungen zu erleben. Damit wurde ein Forum geschaffen, in dem Künstler und auch andere Menschen ihr Können präsentieren dürfen – ein Ort der Begegnung.

20. Juni

Im Seminar mit der Frauengruppe in Birzeit befassten wir uns heute mit der Bedeutung, die die Erhaltung und Entwicklung des Kulturerbes in unserer Stadt hat. Alle erzählten begeistert von ihren Erlebnissen und von der Kraft, die sie am Rozana-Kulturfestival spürten. Wir sehen es als unsere Aufgabe, solche Aktivitäten zu unterstützen und daran mitzuarbeiten.

Die Seminare finden in unserem Zentrum statt, das, auf zwei Wohnungen verteilt, in einem Haus mitten in Birzeit untergebracht ist. Das Zentrum wird zunehmend zu einem Klub für Mädchen und Frauen. Die Mädchen haben die Räume, Fenster und Türen in bunten Farben streichen lassen, dazu passende Vorhänge besorgt, neue Tischdecken gebracht und alles gemütlich und schön eingerichtet. Die Frauen und Mädchen kommen zu Workshops und Seminaren, aber auch zu Computerkursen, zum Austausch von Gedanken und Gefühlen, für gemeinsame soziale und kulturelle Aktivitäten oder einfach nur für eine Pause in der Alltagsroutine. Der Freitag ist für die Mädchen bestimmt.

Sie können an einem Seminar teilnehmen, und sie bleiben im Zentrum, um Schulaufgaben zu machen und den Zugang zu Computer und Internet zu nutzen.

10. August

Es ist viel los in Birzeit. Aus dem Ausland sind viele Leute auf Familienbesuch gekommen. Bis in die Nacht hinein sind die Strassen belebt, und überall stehen und sitzen die Menschen beisammen und erzählen. Es gibt viele Hochzeiten, bei denen alle mitfeiern. Die meisten Bewohner von Birzeit stammen aus den vier grossen christlichen Sippen und den zwei muslimischen Sippen, die seit Jahrhunderten zusammenleben. Auch wenn zunehmend Menschen aus anderen Gegenden nach Birzeit kommen, bestimmen diese Sippen weiterhin das Zusammenleben. Wir sind wie eine grosse Familie, und die meisten kennen einander.

In den letzten Tagen haben wir die Trauben gepflückt, die an den Reben an unserem Haus wuchsen, und vielen Bekannten und Nachbarn etwas von diesen Gaben der Natur gebracht. Wir konnten vierzig Flaschen Wein herstellen und sind dankbar für dieses Geschenk, das sich jährlich erneuert.

25. August

Heute luden wir mehr als dreissig Leute in unseren Weinberg ein. Die meisten von ihnen waren aus dem Ausland ins Dorf nach Hause gekommen. Wir boten Gebäck an, Salate, gegrillte Hähnchen und Hackfleischbällchen. Die

Kinder hatten ihren Spass daran, von einer Terrasse zur anderen zu rennen, auf die Olivenbäume zu klettern und sich im Johannisbrotbaum zu verstecken. Bei Essen und Trinken genossen wir das Beisammensein und die guten Gespräche. Die Älteren unter uns begannen Erinnerungen an ihre Kindheit und Jugend aufzufrischen. Man erzählte Anekdoten von Dorfbewohnern, die längst gestorben sind und so lebendig erhalten werden. Wir lachten von Herzen. Mit diesen mündlichen Erzählungen wird die Dorfgeschichte von einer Generation zur nächsten weitergegeben, und die Verbindlichkeit gegenüber der Gemeinschaft in der Stadt und gegenüber der Geschichte bleibt erhalten. Munîr ist an der lokalen Kultur und ihrer Geschichte sehr interessiert, und es macht ihm Freude, die Erzählungen schriftlich zu dokumentieren.

1. September

Das Schuljahr hat begonnen, und die Arbeit an den Schulen und mit den Frauen in Talitha Kumi, Dair Ibsî und Birzeit geht weiter. Genauso wichtig oder gar noch wichtiger als diese Arbeit sind für mich die täglichen Besuche bei Mutter. Sie wartet auf mich. Wenn ich unterwegs bin, telefonieren wir oft, und sie begleitet mich so auf Schritt und Tritt. Wenn ich nach Bethlehem fahre, bestelle ich das Mittagessen für sie im Seniorenklub der katholischen Kirche. Am Abend dann die Stunde der Begegnung: Sie hat eine rührende Art zu erzählen, und ich höre ihr gerne zu. Mir ist bewusst, welches Glück ich habe, von Mutter so viel zu erfahren und zu lernen. Sie erzählt mir abends auch von den Frauen, die sie tagsüber besucht haben und ihr beim Gemüsekauf beim fahrenden Händler auf der Strasse geholfen haben. Sie erzählt begeistert von Sâhers und Rudainas Kindern; Sâher und Rudaina sind ja neben mir die einzigen ihrer neun Kinder, die in Palästina leben. Wenn sie merkt, dass sie sich beim Erzählen wiederholt, muss sie lachen und dankt mir für die Geduld. Sie wartet jeden Tag auf Anrufe meiner Geschwister aus dem Ausland, denn sie lebt von der Freude, ihre Stimmen zu hören. Wenn mein Bruder Farhâd in Florida sich lange nicht meldet, nehme ich mit ihm Kontakt auf und bitte ihn, Mutter anzurufen. »Ich habe gewusst, er wird anrufen«, sagt sie dann, »ich weiss, dass alle meine Kinder mich begleiten, Gott sei Dank.« Sie braucht einfach das Gespräch.

15. September

September ist die Zeit der Feigen. Täglich gehen Munîr und ich vor Sonnenaufgang zum Weinberg, pflücken die reifen Früchte und spannen das Netz so weit wie möglich über Äste mit vielen Früchten, damit die Vögel uns nicht zuvorkommen. Manche Feigen sind überreif. Wir sammeln sie, legen sie auf die rote Erde am Fuss einer Steinterrasse, um sie dort von der Sonne langsam trocknen zu lassen. Spätnachmittags gehen wir hin, um sie mit Buschwerk und Jutedecken vor der nächtlichen Feuchte und vor dem Morgentau zu schützen und so Schimmel vorzubeugen. Erst wenn sie richtig trocken sind, holen wir sie zum Lagern nach Hause. Im Winter geniessen wir die köstlichen Früchte mit Dankbarkeit.

20. September
In diesen Tagen beende ich meinen Auftrag als Mediatorin im Sternberg. Der Sternberg bei Ramallah ist ein Rehabilitationszentrum für geistig und teilweise auch körperlich behinderte Kinder und Jugendliche. Ziel ist es, die Behinderten in den häuslichen Tagesablauf und das Dorfgeschehen zu integrieren. Täglich kommen mehr als fünfzig Kinder und Jugendliche aus den umliegenden Dörfern in die Sonderschule, um an Rehabilitationsprogrammen teilzunehmen oder eine Berufsausbildung zu machen.

Der Sternberg hat sich in den letzten Jahren zu schnell entwickelt. Die Zahl der aufgenommenen Kinder und der einbezogenen Dörfer wuchs unverhältnismässig gegenüber den vorhandenen Kapazitäten und Fähigkeiten und dem Verwaltungssystem. Probleme und Streitigkeiten mit und unter den Angestellten liessen die Situation eskalieren, so dass die Schliessung des Zentrums drohte. Der Vorstand der Herrnhuter Missionshilfe in Bad Boll, der Trägerin des Zentrums, bat mich um meine Hilfe als Mediatorin. Ich übernahm diese Aufgabe im letzten Oktober aus tiefer Verantwortung, denn ich bin seit meiner Kindheit mit dem Sternberg verbunden. Schon als Talitha-Kumi-Schülerinnen in den 1960er Jahren halfen wir beim Anpflanzen des Waldes, machten regelmässig Ausflüge hierher und sangen für die Lepra-Patienten. Regelmässig besuchten wir dann die betagte Diakonisse Johanna Larssen, und wir beteten und sangen gemeinsam. Ich empfinde eine besondere Sensibilität und Verantwortung für die Arbeit mit Behinderten.

Als Mediatorin wurde ich für einige Monate eingesetzt, um einen Umstrukturierungsprozess durchzuführen. Viele

Einzel- und Gruppengespräche mit Mitarbeitenden und der Leitung zeigten die Vielschichtigkeit der Probleme auf. Der Vermittlungsprozess begann: aussprechen lassen, Gefühle und Empfindungen zeigen dürfen, die Erklärung der Situation seitens jedes Einzelnen zulassen, zuhören, akzeptieren und respektieren. Die tiefen Verletzungen zugeben und ansprechen. Letztendlich ist es uns gelungen, die Umstrukturierung unter Einhaltung der Arbeitsgesetze umzusetzen: neue Verträge und veränderte Arbeitsbedingungen, neue Stellenbeschreibungen, klare Verwaltungskanäle. Das Zentrum blieb offen und verrichtet die Dienste gegenüber den Behinderten weiter. Alle Mitarbeitenden und der Vorstand haben grossartige Arbeit geleistet.

Die Mediation und Vermittlungsarbeit ist Friedensarbeit innerhalb von Institutionen. Die Grundlagen, Prinzipien und Ziele sind vergleichbar mit der Fortbildung und Friedensarbeit in unseren Gruppen in Talitha Kumi, Birzeit und Dair Ibsî.

Ab Oktober wird nun ein neues Management die Arbeit mit Verantwortung und Professionalität weiterführen.

5. Oktober

Dem Propst der Evangelischen Gemeinde Deutscher Sprache zu Jerusalem ist es gelungen, mir eine Einreisegenehmigung für die Stadt zu verschaffen. Wir können also mit Seminaren in der deutschen Schmidt-Schule beginnen. Während acht Wochen werde ich jeweils montags ein Seminar mit der neunten und der zehnten Klasse durchführen. Themen: Selbstwertgefühl entwickeln, Schwächen und Stärken erkennen, Umgang mit Krisen und Problemen lernen, Kontrolle über sich selbst behalten, gewaltfreie Kommunikation.

Auf Wunsch gebe ich auch ein Seminar für Lehrerinnen, damit sie diese Arbeit an der Schule weiterführen können – Training for Trainers.

Dieses Jahr habe ich im Rahmen der Gemeindeabende der Propstei in Jerusalem zwei Vorträge gehalten. Deutsche, die im Land wohnen, sowie Touristen, Palästinenser und Israelis waren gekommen. Der Saal war jedes Mal übervoll, ein Zeichen, dass das Gespräch, die Begegnung und der Austausch sehr erwünscht sind. Unsere Aufgabe ist es, dies zu ermöglichen.

9. Oktober

Heute ist in Birzeit das Peoples Museum eingeweiht worden, ein Kunstprojekt, initiiert vom dänischen Kulturbüro YNKB und von der Künstlergruppe Parfyme in Zusammenarbeit mit den palästinensischen Künstlern Madschdi Hadid, Husni Radwan und Hanîn Masri. Die Aufbauphase wurde vom dänischen Center for Kultur og Udvikling (CKU) finanziert.

Die Idee war, ein Museum »von unten« zu schaffen. Es präsentiert eine Sammlung von Alltagsgegenständen, Geschichten und Erinnerungen von Bewohnern Birzeits, und es präsentiert sie so, wie die Leute selbst es wollen. Das Museum ist also entstanden aus dem Dialog zwischen den Einwohnern, den Basisorganisationen im Ort, palästinensischen Kunststudenten und Künstlern und der dänischen Künstlergruppe.

Für das Museum wurde ein altes Bauernhaus renoviert und umgestaltet. Die Schönheit der Architektur kommt wunderbar zum Ausdruck, und die Leute spüren ihre Verbundenheit mit dem alten Dorfkern und dem Haus. Mit offiziellen Reden, gefolgt von Musik und Gesang, ist die Eröffnung ein Volksfest geworden.

Für Munîr und mich war es eine besondere Freude, dieses Museum entstehen zu sehen. 1974 hatte Munîr mit einer ähnlichen Idee ein altes Bauernhaus gemietet. Wir hatten mühevoll von allen Bewohnern in Birzeit und Umgebung Gegenstände gesammelt, die früher in Gebrauch und nun nicht mehr nützlich waren. Viele Schulkinder und Studierende besuchten das einfache Museum im Bauernhaus, und Munîr stellte die Gegenstände vor und erzählte Geschichten des Dorfes. Weil das Haus in schlechtem Zustand war und einzustürzen drohte, baten wir die Besitzer um die Erlaubnis, das Haus zu renovieren. Aber sie lehnten ab, selbst als die Universität Birzeit bereit war, die Miete und die Renovierungskosten dieses ersten Museumprojekts in den besetzten palästinensischen Gebieten zu übernehmen. 1994 stürzte das alte Bauernhaus bei heftigem Schneefall schliesslich ein. Alle Museumsgegenstände wurden verschüttet, auch die Steinmühle meiner Mutter.

Deshalb freut es uns sehr, dass die Idee eines Museums heute breiten Anklang findet und viele Leute in Birzeit und im Land die Entwicklung von Kultur, Geschichte und Identität schätzen und fördern wollen. Immer mehr Kulturprojekte entstehen, aus denen die Menschen Kraft und Perspektive schöpfen. Doch auch wenn sich die Menschen aus erfreulichem Anlass versammeln, wird die Atmosphäre schnell getrübt, wenn die Leute zu erzählen beginnen. Sie haben oft viel Unschönes und Trauriges aus dem Bekanntenkreis und der Familie zu berichten. Angst und Unbehagen breiten sich aus. Ich sage dann oft: »Es stimmt, es passiert viel Schreckliches, aber wir wollen uns heute eine Pause gönnen. Heute wollen wir uns freuen; morgen erzählen wir dann wieder das andere.« Die meisten sind einverstanden.

25. November

Auf meiner Vortrags- und Lesereise durch Deutschland, Österreich und die Schweiz mache ich für das OeME-Seminar für Eltern und palästinensische und arabisch-schweizerische Jugendliche in Bern halt. Wir behandeln Themen wie: interkultureller und interreligiöser Dialog, Unterschiede und Gemeinsamkeiten; Umgang mit der doppelten Identität. Wir nähern uns Fragen an wie: Wie verhalte ich mich, wenn ich nicht verstanden werde, wie mache ich mich verständlich? Wie gehe ich mit Provokationen um, etwa wenn der Islam als Ganzes angegriffen wird? Wie argumentiere ich gewaltfrei und mit Respekt, so dass ich die anderen gewinne und sie mich auch? Wie gehen wir als Eltern mit der Wut um, die immer wieder aufkommt? Wir wollen lernen, uns wohl zu fühlen, uns zu integrieren und doch unsere Identität zu bewahren. Die Kinder sollen die Leidensgeschichte und das Unrecht kennen, das den Palästinensern angetan wurde und noch immer wird, aber wir müssen unseren Kindern Wege zeigen, damit sie nicht zerbrechen oder von schweren Gefühlen erdrückt werden. Sie haben das

Recht, normal zu leben, sich zu entwickeln, Freude am Leben zu empfinden und sich zugleich nüchtern und gewaltfrei mit den politischen und gesellschaftlichen Missständen auseinanderzusetzen.

13. Dezember

Christen in Palästina haben eine wegweisende und mutige Initiative ergriffen: Eine Gruppe von Kirchenführern, Theologen und Laien trat vor zwei Tagen mit einem Dokument an die Öffentlichkeit, das den Titel *Die Stunde der Wahrheit: Ein Wort des Glaubens, der Hoffnung und der Liebe aus der Mitte des Leidens der Palästinenser und Palästinenserinnen* trägt. Dieses sogenannte *Kairos-Dokument* (*kairos* = Zeitpunkt der Entscheidung) ist in mehrfacher Hinsicht ein Zeichen der Hoffnung. Es ist eine ökumenische Initiative, an der alle im Heiligen Land verwurzelten Kirchen und Konfessionen mitgewirkt haben. Mit ihrem Aufruf wollen die Autorinnen und Autoren der Zersplitterung und Zerrissenheit im palästinensischen Christentum entgegenwirken. Sie setzen damit ein Zeichen gegen Resignation und Emigration. Und sie wollen einen Weg aus der Sackgasse des Konflikts suchen, und zwar durch den Glauben. Es ist ein christliches Glaubensbekenntnis und zugleich ein politischer Forderungskatalog, der alle Glaubensgemeinschaften anspricht. Das Credo der palästinensischen Christinnen und Christen lautet: »Wir erklären, dass die israelische Besetzung palästinensischen Landes ›Sünde‹ gegen Gott und die Menschen ist, weil sie die Palästinenser ihrer grundlegenden Menschenrechte beraubt, die ihnen von Gott verliehen worden sind. Sie entstellt das Ebenbild Gottes in dem Israeli, der zum Besatzer geworden ist, und sie entstellt das Ebenbild Gottes in dem Palästinenser, der unter der Besetzung leben muss.«

Schliesslich verweist das *Kairos-Dokument* die eigene wie die internationale Gemeinschaft und die Weltkirchen auf den Weg des Völkerrechts und der Trennung von Staat und Religion. Jeder Form von Fundamentalismus wird eine Absage erteilt. Die Autorinnen und Autoren rufen zu einem dritten Weg zwischen gewaltsamem Widerstand und fruchtloser Friedensdiplomatie auf: zu zivilem Ungehorsam, der »nicht Rache zum Ziel hat«, sondern durch die »Beseitigung des bestehenden Übels (...) Gerechtigkeit und Versöhnung für beide Seiten«. Diese wichtige Initiative palästinensischer Christen zeigt damit nichts weniger als einen Weg, wie Religion im Nahen Osten statt Teil des Problems – Begründung für Vorherrschaft und Unterdrückung – endlich Teil einer Lösung werden kann.

15. Dezember

Als ich von meiner Vortragsreise zurückkehrte, wartete meine Mutter sehnlichst auf mich und war froh, dass ich wieder zu Hause war. Meine Knie schmerzen sehr.

Für den Jahresbericht und den Weihnachtsbrief an meine Freunde fehlt mir dieses Jahr die Kraft. Ich schreibe nur einige Zeilen, die mein Befinden wiedergeben:

»Liebe Freundinnen und liebe Freunde,

An den Schultern und am Rücken hängen viele Sorgen,
Die Knie schmerzen vom Tragen und Ertragen

Sie schmerzen mehr und mehr,
Doch im Herzen weitet sich der Raum
und füllt sich mit vielen Körnchen schöner Dinge,
gegeben und erhalten,
Mit Dank und Freude
dranbleiben,
damit die Hoffnung bleibt.
Frohe Weihnachtstage und ein gesegnetes neues Jahr.«

2010

25. Februar
Ich bin im Albertinen-Krankenhaus in Hamburg, wo man mir vor einigen Tagen ein neues Kniegelenk eingesetzt hat. Ich brauche mich nicht allein zu fühlen, denn ich habe das Glück, von meinen deutschen Freunden und Freundinnen umsorgt zu werden. Die liebevolle Behandlung im Krankenhaus lässt mich die Schmerzen vergessen, und ich fühle mich wohl. Jeden Tag rufen mich Munîr und meine Kinder an. Auch Rina wollte unbedingt mit mir sprechen. »Teta, was haben die Deutschen im Krankenhaus mit dir gemacht?«, fragte sie. Ich sagte: »Der Arzt hat mein Knie geöffnet und ein neues Gelenk eingesetzt.« Sie war erstaunt: »Das Knie geöffnet? Hat er ein Baby darin gefunden?« Ich lachte von Herzen und sagte: »Nein, Babys kommen aus dem Bauch junger Mütter.« – »Wie aus dem Bauch meiner Mutter?« – »Ja.«

16. März
Zur Erholung bin ich nun im Sunnehus in Wildhaus in der Schweiz. Meine Freundin Ruth Stadelmann hat mich hierher begleitet. Die Stille, die Meditation, das liebevolle Umsorgen, physisch und seelisch, beeindrucken mich sehr, und ich spüre, wie dadurch der Heilungsprozess gefördert wird.

24. März

Nach drei Wochen in der Schweiz bin ich glücklich und erholt nach Hause zurückgekehrt, denn ich will Ostern mit meiner Familie feiern. Die Freude bei meiner Rückkehr war gross. Ich war gerührt, zu sehen, wie Munîr und Hâla das Haus gründlich sauber gehalten und in Küche und Wohnzimmer schöne Blumensträusse aufgestellt hatten, um mich willkommen zu heissen. Ich bin erfüllt vom Glück, dass ich eine Familie habe.

Nach mehreren Regentagen scheint nun kräftig die Sonne. Darüber freuen wir uns, denn in den Tagen vor dem Palmsonntag wird jeweils das Haus gesäubert. Die Betten werden an der Sonne gelüftet, die Schränke und Regale ausgeräumt, geputzt und neu eingeordnet. So stimmen wir uns auf Ostern ein. Draussen kleidet sich der Boden mit frischem Grün, und überall leuchten die wilden Blumen, die Anemonen und Zyklamen, die Narzissen und Tulpen.

Die Blumen kommen gerade richtig, um die Palmzweige zu schmücken. Es ist besonders schön, wenn hierfür Wildblumen verwendet werden. Die Kinder gehen damit in die Kirche und nehmen am Palmsonntag am Rundgang durch die Kirche und den Hof teil.

Ich ging zu meiner Mutter, und zusammen mit Hâla und meiner Schwester Rudaina machte ich ihr Haus sauber. Mutter gab den Ton an, und wir führten aus, was sie verlangte. Dabei lachten wir viel.

2. April

Am Karfreitag gehen die Frauen vor Sonnenaufgang zum Friedhof, um der Toten zu gedenken. Ich begleitete meine Mutter, auch wenn ich noch Schmerzen hatte; gemeinsam wollten wir uns an meine Brüder Bassâm und Adnân, an meinen Vater, die Grosseltern und alle Verstorbenen erinnern und sie ehren. Rudaina fuhr uns hin, und Hâla begleitete uns. Wir blieben mehr als zwei Stunden auf dem Friedhof, beteten, sangen, weinten und erzählten zusammen mit anderen Frauen viele Geschichten. Danach begaben wir uns ins Gemeindehaus. Dort treffen sich Frauen und Männer aus allen christlichen und muslimischen Grossfamilien, trinken Kaffee und essen Kuchen und gedenken gemeinsam der Toten.

Am Nachmittag machte ich mit Hâla Osterkuchen, ein kranzförmiges Gebäck aus Griessteig, gefüllt mit Datteln, das den Dornenkranz auf dem Haupt Jesu am Kreuz symbolisiert. Ein weiteres Gebäck, in Form einer Halbkugel, gefüllt mit Walnüssen, Zimt und Zucker, erinnert an das Grab, das mit der Öffnung und Auferstehung das Gute und Süsse freigibt.

Dieses Jahr kommt Ostern nach westlichem und östlichem Kalender auf denselben Tag zu liegen. Das ist selten der Fall. Meist liegen zwischen den beiden Osterterminen eine bis vier oder sogar fünf Wochen. Die Freude ist gross, wenn alle gemeinsam feiern können. Der westliche Kalender gilt nördlich von Jerusalem für Weihnachten; Ostern feiern wir hingegen nach dem östlichen Kalender. Südlich von Jerusalem konnten sich die Kirchenleitungen nicht auf etwas Gemeinsames einigen. Es ist viel schöner und intensiver, wenn alle zusammen feiern können – wir sind ja ohnehin so wenige Christen.

6. April

Heute kam die Nachricht: Onkel Isaak ist in Amman an einem Herzinfarkt gestorben. Ich liebte Onkel Isaak, und ich weine heftig. Es tut mir sehr leid, dass ich wegen meines operierten Knies nicht an die Beerdigung nach Amman reisen kann. Ich ging zu meiner Mutter, und wir riefen Isaaks Frau Munîra an. Mutter sang einige Trauerverse, und wir weinten gemeinsam mit Munîra. Mutter liebte Ammo Isaak, der vierzehn Jahre alt war, als sie in die Familie einheiratete. Er war wie ein Sohn für sie, und für ihn war sie wie eine Mutter, denn seine Mutter war früh gestorben. Als später seine Frau krank wurde, während er in Saudi-Arabien arbeitete, kümmerte sich Mutter um seine sechs Kinder im Alter von ein bis zehn Jahren. Seine Kinder lieben meine Mutter wie ihre eigene, und wir alle sind wie Geschwister. Und Ammo Isaak war sehr grosszügig in der Liebe und Sorge um meine Mutter und uns Kinder.

Rudaina wird an die Beerdigung fahren; ihre Schwägerin passt auf die Kinder auf. Ich bin erleichtert, dass sie für uns die Pflicht der Familie erfüllt.

22. April

Nuha, meine Schwester in Amman, und ihre Söhne und Töchter sind zwei Wochen lang täglich zu Munîra gegangen, um ihr zu helfen und beizustehen.

Rudaina erzählte uns nach ihrer Rückkehr, dass die Menschen in der jordanischen Stadt Madaba, wo Isaak die letzten Jahre gelebt hatte, andere Sitten hätten als wir: So gingen nach der Beerdigung und dem Trauermahl alle Gäste zu Munîra und gaben ihr, wie bei einer Hochzeit, in einem Umschlag etwas Geld. Damit sollen die Kosten der Beerdigung gedeckt werden; es soll auch der Witwe helfen, damit sie sich in den ersten Monaten nicht um ihre Existenz zu sorgen braucht. Ich finde das sehr aufmerksam. Als Mutter das hörte, sagte sie zu mir: »Du weisst jetzt, was du zu tun hast, wenn du das nächste Mal nach Amman fährst. Tu deine Pflicht gegenüber Munîra, und auch ich gebe dir etwas Geld mit.«

10. Mai
Munîr fuhr heute mit Pater Manuel Musallam und weiteren dreissig Männern aus Birzeit nach al-Lubban al-Scharkija, südlich von Nablus. Israelische Siedler hatten die Moschee des Dorfes in Brand gesetzt. »In der stark beschädigten Moschee hatten sich viele Männer versammelt«, erzählte Munîr nach seiner Rückkehr. »Unser Pfarrer trat vor sie hin und sagte: ›Wir kommen als Vertreter der Stadt Birzeit, um unsere Solidarität und unser Mitgefühl zu bekunden. Wir wollen um Verzeihung bitten, weil wir nicht imstande waren, euch und eure Moschee zu schützen. Wer hat denn die Christen im Heiligen Land jahrhundertelang beschützt? Es war nicht der Papst, es waren nicht die Europäer, nicht die Amerikaner, sondern allein die Muslime des Heiligen Landes. Wir wissen, dass in eurem Heiligen Buch steht, dass

alle Menschen, die an das Buch glauben, respektiert und geschützt werden müssen. Wir danken euch, weil ihr diese Lehre befolgt. Lasst euch nicht entmutigen, denn die, die solche Untaten verüben, eure Gebetsräume schänden und euch zu schädigen versuchen, sind einige wenige, die weder von der Mehrheit ihrer eigenen Religionsgemeinschaft noch von den Menschen überhaupt respektiert werden. Habt Vertrauen, Gott wird das Gute gewinnen lassen. Wir alle haben die Aufgabe, unseren Teil dazu beizutragen.‹« Die Weisheit des Pfarrers gefiel uns, er plädierte für Vernunft und Respekt gegenüber allen drei Religionen und sorgte für Entspannung.

15. Mai

Heute hat Hâla eine neue Stelle angetreten. Zwar war sie zufrieden mit der Arbeit, die sie im September 2008 an der Universität Birzeit bekommen hatte. Sie lernte viel in der Verwaltung und bei der Bewertung der Arbeit von Studierenden im Gesundheitsbereich. Aber sie hat sich von einer Freundin für ein Projekt in Ramallah begeistern lassen. Das Angebot war verlockend: ein Drittel mehr Gehalt als an der Universität sowie das Privileg, sich in Jerusalem und Israel frei bewegen und sogar nach Gaza reisen zu können. Es handelt sich um das Ruwwad-Projekt der USAid, der US-Behörde für internationale Entwicklung. Dabei werden Jugendliche dazu angeleitet, selbst Initiativen und Projekte zur Stärkung demokratischer Prinzipien in der Zivilgesellschaft zu entwickeln. Hâlas Aufgabe ist die Überwachung und Beurteilung dieser Projekte.

25. Mai

Als ich heute Morgen zum Treffen mit den Frauen in Dair Ibsî kam, war die Stimmung im Raum aufgeheizt. Erregt berichteten sie von Wasserknappheit, weil die Bewohner der israelischen Siedlung nebenan die Dorfquelle immer mehr in Anspruch nähmen. »Seit ein paar Jahren kommen Siedler mit ihren Kindern zur Quelle, um zu picknicken«, erzählten die Frauen. »Das ist in Ordnung. Wir nutzen das Wasser für den Haushalt und bewässern unsere Gärten. Dort bauen wir viel Gemüse an für den Eigenbedarf, den Rest verkaufen wir. Aber jetzt hat ein Militärbulldozer den Weg zum Dorf zugeschüttet und mit Stacheldraht abgesperrt. Wir können nicht mehr zur Quelle und verlieren unsere Lebensgrundlage.«

Einige Frauen waren zornig und schimpften, andere weinten und baten um Beistand. Hilflosigkeit und Ohnmacht machten sich breit. Ich begann mit dem Seminar: »Könnt ihr von etwas Schönem und Gutem berichten, das ihr in der vergangenen Woche erlebt habt?« Stille trat ein, niemand sagte ein Wort. Ich fragte weiter: »Hat jemand im Dorf ein Kind geboren, hat jemand geheiratet? Ist ein kranker Mensch gesund geworden? Wie sieht es mit der Olivenernte aus, was sind eure Erwartungen?« Allmählich begannen sie von Alltäglichem zu sprechen, und jede Frau erzählte. Das entspannte die Situation, und wir übten, wie wir uns stärken können, wenn Gefühle der Schwäche und Ohnmacht auftreten.

Ein grosses Ereignis steht Munîr und mir bevor: Wir reisen nach China. Unser niederländischer Freund Rob Simons, ein Jude, der früher als Journalist in Israel gewesen war, hat sich nach sieben Jahren wieder gemeldet. Er hatte uns in den 1970er Jahren zum ersten Mal mit Israelis zum Gespräch zusammengebracht. Er lebt heute in Schanghai, ist in der Kulturvermittlung zwischen China und dem Westen tätig und hat uns eingeladen, ihn zu besuchen. Bevor wir wussten, wie uns geschah, hatte er schon alles organisiert und ein phantastisches Programm vorbereitet.

2. Juli
Die drei Wochen in China waren wie ein Traum, nicht zuletzt weil es für Munîr und mich nach sechsunddreissig Jahren Ehe die erste Urlaubsreise nur zum Vergnügen war.

Es war beeindruckend. Wir lernten ein Land kennen, das das Alte mit der Moderne verbindet. Wir waren in Schanghai und Peking und sind von dort aus an viele andere Orte gefahren oder geflogen, mit phantastischen Naturlandschaften und Gärten, Palästen, Tempeln und Altstädten früherer Kulturen, die zum UNESCO-Welterbe gehören. Sehr schön war auch der Besuch von Musicals und Opern, die uns in die reiche alte Kultur und Tradition versetzten. Wir genossen die Perfektion von Gesang, Musik und Theater, die Harmonie und die Gestaltung des Bühnenbildes.

Und daneben die modernen Städte mit den vielen Wolkenkratzern, dicht wie ein Wald, überwältigend, atemberaubend, besonders nachts, wenn sie in ein buntes Lichtermeer getaucht sind. Umweltzerstörung und Energieverschwendung scheinen in China niemanden zu kümmern.

Es scheint sich alles um Geschäfte und Geld zu drehen, und der Wettbewerb ist hautnah zu spüren. Die Strassen der Innenstädte gleichen denen in Paris, London oder Berlin, mit den gleichen Modeboutiquen und Banken. Ich suchte vergebens nach Frauen in Trachten oder nach Bauern, die auf Märkten ihr Gemüse verkaufen. Die Mehrheit der städtischen Chinesen isst täglich im Restaurant, weil es billiger und zeitsparender ist und ihnen mit der Arbeit kaum Zeit bleibt für die Familie. Kaum Zeit finden auch junge Leute, um sich kennenzulernen. Wir besuchten den Heiratsmarkt in Schanghai. Tausende von Menschen waren da, Männer und Frauen, meist die Eltern, die Fotos vom Sohn oder von der Tochter in den Händen hielten oder an eine Leine gehängt hatten, mit einigen Zeilen zur Person und ihrer Telefonnummer. Sie hoffen, dass so Kontakte entstehen und die jungen Leute sich kennenlernen und heiraten. Die Jugendlichen auf der Strasse sind sehr modern gekleidet, wie in Paris oder Rom. Man sieht grossen Reichtum, aber wenn man hinter die Fassade schaut, findet man sehr wohl Armut und Slums. Man sagt, in China sei ein Drittel der Leute Millionäre, ein Drittel gehöre zur Mittelschicht und ein Drittel hungere noch immer.

Auch Geheimdienstaktivitäten waren zu spüren, wenn mitten in Fussgängerzonen Männer angehalten, umzingelt und durchsucht wurden.

Wir bedauerten, dass nur wenige Leute Englisch sprachen und wir uns nicht gut verständigen konnten. Doch glücklicherweise ist Robs Frau Lisa Chinesin; sie hat uns vieles erklärt und für alles gesorgt, auch für köstliches Essen.

Beeindruckt hat mich die Verbundenheit und Verehrung, die auch junge Leute in Buddha-Tempeln erkennen liessen. Irgendwie fremd war die Tatsache, dass die Menschen von Mao Zedong nichts mehr wissen wollten: »Ah, das ist lange her, das war der grosse Lehrer.« Politischen Fragen wichen sie aus.

Viele Fahrräder haben einen Elektromotor, und manchmal schleppen ihre Fahrer eine riesige Ladung von Möbeln, Holz oder Säcken. Auf Autobahnen sahen wir Hunderte Arbeiter in Reihen, die die Strasse mit Handbesen fegten. Auch auf dem Flughafen sahen wir die Angestellten bei der Arbeit hintereinander in Reihen gehen, wie eine Militäreinheit. Sauberkeit und Ordnung prägen das Bild.

Wir besuchten auch die Weltausstellung in Schanghai. Vor dem israelischen Pavillon standen viele Leute Schlange, doch Rob fand, wir sollten den Hintereingang benutzen, das sollte kein Problem sein, zumal ich zur Entlastung meines Knies in einem Rollstuhl durch die Ausstellung geschoben wurde. Als wir dort ankamen, erkannte einer der Sicherheitsmänner Rob. Er grüsste ihn und liess uns als Erste eintreten. Es war eine Ausstellung über die Erfolge der israelischen Elektroindustrie. »Anstelle dieser Ausstellung wäre es interessanter, den Angriff auf die Mavi Marmara vor Gaza zu präsentieren«, rief Rob dem Präsentator der Ausstellung laut zu. Das türkische Schiff, das im Mai zusammen mit weiteren Schiffen internationaler Friedensaktivisten die Blockade von Gaza zu durchbrechen versuchte, war vom israelischen Militär angegriffen worden. Neun türkische Friedensaktivisten wurden getötet. Mein Herz klopfte, und ich hatte grosse Angst. Ich konnte nicht rennen, denn ich brauchte jemanden, der meinen Rollstuhl schob. Also flehte ich Rob an: »Lass das, wir wollen einmal nicht von Politik reden, wir brauchen eine Pause, Urlaub, bitte, lass uns rausgehen.« Er sagte: »Mir kann nichts passieren, ich bin frei und kann alles sagen, ich muss es sagen, das ist das mindeste, was ich tun kann.« – »Das mag für dich stimmen«, entgegnete ich, »aber nicht für mich, auch in China nicht.«

Nach unserer Rückkehr haben wir uns bei Rob und Lisa für diese wunderbaren Wochen bedankt. »Unsere Familie ist immer auch eure Familie«, schrieb ich ihnen. »Ihr könnt auf uns zählen, wenn ihr Hilfe braucht.«

12. Juli

Heute früh ging ich zum Gemüseladen, der aber kaum Ware hatte. Der Verkäufer sagte: »Die Siedler von Halamisch kommen zur Quelle und verbieten uns, unsere Gärten zu pflegen und zu bewässern. Ich muss jetzt meine Gemüse beim Händler einkaufen, und das Geschäft geht langsam ein.«

Ich fragte bei der Menschenrechtsorganisation al-Haq und bei UN-Organisationen nach und fand die Beschlagnahme der Quellen dokumentiert: Der Zugang zur Quelle Ein al-Qaws in Nabi Salih, wenige Kilometer von Birzeit entfernt, die immer häufiger von Siedlern aufgesucht worden war, wird jetzt den Dorfbewohnern völlig verwehrt. Sie dürfen kein Wasser mehr holen und können ihre Gemüsegärten nicht mehr bewässern. Wie oft bin ich dort gewesen und habe Gemüse gekauft. Viele Bauern lebten vom Verkauf. Jetzt kommen israelische Jugendliche und Kinder zur

Quelle, zum Picknicken, Baden und Spielen und vertreiben die Bauern. Bewaffnete Wachmänner und Soldaten schützen die Israelis.

Ich habe mich kundig gemacht, um die Wasserproblematik besser zu verstehen. Seit der Besetzung des Westjordanlandes im Jahr 1967 hat Israel die direkte Kontrolle über die Nutzung und Verteilung des Wassers. Das Kontrollsystem verbietet jeglichen Ausbau im Zusammenhang mit Wasserressourcen und ihrer Infrastruktur. Es begünstigt einseitig die israelische Bevölkerung in Israel und in den Siedlungen auf Kosten der Bedürfnisse und Rechte der Palästinenser.

Im Rahmen der sogenannten Oslo-Verhandlungen in den 1990er Jahren haben Israel und die Palästinenser ein gemeinsames Komitee gegründet, um die Verteilung und den Verbrauch der Wasserressourcen in den besetzten Gebieten zu regulieren. Der vereinbarte Mechanismus gibt Israel ein Vetorecht, mit dem es palästinensische Wasserprojekte verzögern oder verhindern kann. Selbst Vorhaben in Gebieten unter voller oder teilweiser Verwaltung der Palästinenser (Zonen A und B) sind davon betroffen. In den Gebieten unter Israels alleiniger Kontrolle (Zone C), die einundsechzig Prozent des Westjordanlandes ausmachen, muss jedes Projekt von der Militärbehörde genehmigt werden. Nach israelischer Interpretation der Vereinbarung gilt die Bewilligungspflicht auch für die Erneuerung bestehender Quellen und Zisternen. Mit diesem Verfahren hat Israel die meisten Wasserprojekte der palästinensischen Autonomiebehörde abgelehnt.

Die Palästinenser haben kein Anrecht auf das Wasser des Jordans, der wichtigsten Oberflächen-Wasserquelle. Das

Grundwasser ist die einzige Ressource für Haushalt und landwirtschaftliche Bedürfnisse. Die Grundwasservorkommen sind grenzüberschreitend, und nach internationalem Recht müssten sie von beiden Seiten zu gleichen Teilen genutzt werden. Aber die Israelis verbrauchen sechsundachtzig Prozent des Wassers, und den Palästinensern bleiben nur vierzehn Prozent. In Israel und seinen Siedlungen beträgt der Wasserverbrauch 300 Liter pro Kopf und Tag, bei den Palästinensern sind es bloss 79 Liter – deutlich weniger als die 100 Liter, welche die Weltgesundheitsorganisation (WHO) als Durchschnittswert angibt. Sämtliche Siedlungen sind an das Wassernetz angeschlossen und werden von der israelischen Wasserfirma Mekorot mit Grundwasser aus dem Westjordanland versorgt. Das meiste Wasser verbrauchen sie in der Landwirtschaft für die Kultivierung von Exportprodukten. Subventionen der Regierung verbilligen das Wasser und steigern den Verbrauch.

Auf der anderen Seite leiden etwa 300 000 Palästinenser, die in der Zone C leben, unter akutem Wassermangel, weil sie sich nicht ans Wassernetz anschliessen lassen durften. 14 000 Palästinenser, Beduinen und sesshafte Schaf- und Ziegenhirten, die auf rund hundert Weideplätzen in der Zone C leben, müssen mit dreissig Liter pro Kopf und Tag auskommen. Diese Gemeinschaften sind auf Wasserlieferungen privater Tankwagen-Unternehmer angewiesen und bezahlen dafür den fünffachen Preis. Genehmigungen zum Bau von Zisternen werden kaum erteilt, ohne Bewilligung errichtete Anlagen zerstört die Besatzungsmacht. Der Wasserpreis ist generell für Palästinenser um ein Vielfaches höher als für Israelis: Für einen Kubikmeter Wasser bezahlt ein Siedler 0,30 Schekel, ein Bewohner Israels 0,80 Schekel und ein Palästinenser im Westjordanland fünf bis sechs Schekel.

17. Juli
Zum dritten Mal fand in den letzten Tagen das Rozana-Kulturfestival statt. Mehr als zwanzig Musik- und Theatergruppen traten auf, und mehr als 5000 Menschen beteiligten sich täglich am Geschehen. Wir genossen das rege Leben im alten Dorfkern mit den Galerien und Ausstellungen, mit Verkaufsbuden für Handwerk und Kunstobjekte sowie für verarbeitete landwirtschaftliche Produkte der Bauern aus Birzeit und benachbarten Orten.

20. Juli
Umgang mit Ohnmacht und Schuldgefühlen ist heute im Seminar in Birzeit unser Thema: Wir üben uns in der Prozessbeschreibung.

Ohnmacht:
Ich fühle mich ohnmächtig, lustlos, und manchmal weiss ich nicht, warum. Um zu verstehen, was mit mir los ist, muss ich die Prozesse der Gedanken und Gefühle Schritt für Schritt beobachten und deuten. Die Prozessbeschreibung hilft mir, mich selbst zu verstehen. Aber ich muss es wollen, muss beschliessen, mich selbst zu retten. Gehe ich von negativen Gedanken aus, dann bin ich hilflos, klebe

an der Ohnmacht, der Angst und an den schrecklichen Gefühlen fest. Nein, ich will die Sache an die Hand nehmen und den Prozess beobachten: Es ist normal und verständlich, dass ich mich unwohl fühle. Ich erkenne und akzeptiere meine schweren Gefühle. Ich reisse mich zusammen und beschliesse, mir selbst zu helfen. Es liegt in meinen Händen, in meinem Herzen, es ist mein Wille, mein Wunsch, meine Situation positiv zu verändern. Ich rede mir ein, dass es möglich ist, möglich sein muss, mich selbst zu heilen.

Ich leite den Prozess ein, nehme mir Zeit, denke langsam, bleibe ruhig, atme bewusst ein und aus und spüre Frische und Kraft. Das beruhigt mich. Ich lade positive Gedanken herunter und sage mir: Sicher bin ich nicht die Einzige, die leidet, und womöglich haben es viele noch schwerer als ich. Ich kann froh sein, dass es bei mir nicht so schlimm ist, auch wenn es immer noch schmerzt. Gerade deshalb muss ich an mir arbeiten. Ich beschliesse, mir einen Moment Ruhe zu gönnen. Ich schliesse die Augen und erinnere mich an drei schöne Dinge, die ich im Leben erfahren habe. Ich rufe die damals empfundenen Gefühle zurück, sie werden so lebendig wie damals, und ich halte sie für einen Moment fest. Ich verweile darin, freue mich, seufze und spüre Erleichterung. Ich habe den Transfer von den negativen zu den guten Gefühlen geschafft. Es geht also, ich kann bestimmen, wohin meine Gefühle gehen und wie sie auf mich wirken.

Wenn ich mich eine Weile diesen schönen Gefühlen hingegeben habe, merke ich, wie sich meine Gesichts- und Körpermuskeln entspannen, und ich fühle mich wirklich ein wenig besser. Selbst wenn die Verbesserung nur klein ist, sage ich mir: Es ist besser als zuvor, beim nächsten Mal klappt es noch besser.

Schuldgefühle:
Ich habe Gewissensbisse, ärgere mich, habe Schuldgefühle. Ich fühle mich elend, bin traurig und will einen Ausweg finden.

Jeden Abend vor dem Schlafengehen nehme ich mir einige Momente Zeit für mich, für Gebete, Fürbitten, Hilferufe, Besinnung oder Meditation. Ich frage mich: Was habe ich heute Gutes getan, was hat mir ein Gefühl der Zufriedenheit und Freude gegeben? Ich zähle eins nach dem anderen auf und bewerte, was ich getan habe: gut, wunderbar, besonders gut oder na ja, hätte besser sein können, nicht schlecht. Dann sage ich mir: Bravo, im Grossen und Ganzen bin ich zufrieden mit mir. Mach weiter so. Indem ich mich lobe, werde ich stark genug, um mich mit negativen Dingen zu befassen. Ich beginne aufzuzählen, was ich schlecht gemacht habe – mein Versagen, böse Gedanken, falsches Verhalten –, und bewerte es: Das war wirklich schlecht, das hätte ich nie sagen oder machen sollen, es tut mir sehr leid, ich wünschte, es wäre nie geschehen, es ist mir peinlich, schmerzt mich, am liebsten würde ich mich verstecken und niemanden sehen. Hätte ich doch bloss … Trotzdem, ich will aus der Sackgasse heraus, will mir helfen. Und der Prozess beginnt: Ich gestehe mir selbst meine Fehler klar und deutlich ein. Ich nehme mich selbst als Freundin, steige aus meinem Rahmen und beobachte mich selbst. Als Freundin weiss ich am besten, ob ich das Böse wollte, ob ich bewusst oder unbewusst versagt habe, ob ich zu schnell und unbedacht reagiert habe. Ich muss ehrlich mit mir selbst sein. Ich gestehe mir meine negativen Eigenschaften und meine Fehler ein. Ich ärgere mich über mich, aber irgendwann klatsche ich in die Hände und sage: Es genügt jetzt. Ich atme langsam ein und aus, und vielleicht weine ich leise oder laut. Dann sage ich mir: Hauptsache, ich lerne aus den Fehlern, ich will nie wieder so etwas tun. Ich bin am Boden zerstört, aber das Wichtigste ist, dass ich wieder hochkomme. Ich trage eine grosse Verantwortung, mache eigentlich vieles gut, habe einen guten Kern, kann etwas zum Blühen bringen. Ich möchte mir selbst vergeben. Ich spüre Erleichterung und sage: Jetzt weiss ich, wie schön es für andere ist, wenn ich ihnen vergebe. Ich bin gut, Gott sei Dank!

26. Juli

Heute wurde ich zum dritten Mal Oma: Ghâda hat Salim, ihren ersten Sohn, geboren. Die Freude ist gross, und wir sind alle dankbar. Jetzt lasse ich alles stehen und liegen, denn Ghâda und Familie haben Priorität. Rina und Dara sind sehr aufgeregt und freuen sich über den kleinen Bruder, brauchen jedoch jetzt besonders viel Zuwendung. Munîr und ich sowie Hâla und Oma Suheila, Marschûds Mutter, stehen bereit zum Helfen.

30. Juli

Munîr hat ein unerfreuliches Schreiben von der Verwaltung der Universität bekommen: Mit fünfundsechzig Jahren endet der offizielle Arbeitsvertrag, Munîr hat dieses Alter bereits im vergangenen September erreicht. Jetzt, mit Beginn des neuen akademischen Jahres, ist Schluss. Für die sechsunddreissig Arbeitsjahre wird eine Abfindung ausbezahlt. Munîr hat es sehr getroffen, er weinte. Ich tröstete ihn, indem ich sagte, wir würden es schaffen. Unser Sohn Anîs werde uns nach seiner Ausbildung versorgen, und auch Ghâda und Hâla würden uns niemals im Stich lassen. Munîr erwiderte: »Anîs braucht noch vier Jahre. Ich aber fühle mich fit und liebe den Unterricht. Die Abfindung reicht für höchstens zwei Jahre, wenn wir davon leben müssen. Unsere Kinder zu belasten quält mich.« Ich wandte ein: »Du hast dich auch für deine Eltern eingesetzt, und auch ich habe unsere Eltern finanziell unterstützt. Wir geben, und wir dürfen auch annehmen. Wer gibt, bekommt viel Wertvolleres als Geld. Geber und Nehmer gewinnen gegenseitig.« Da lächelte Munîr und sagte: »Jetzt fühle ich mich von deinem Optimismus angesteckt.« Wir umarmten uns. Ich ermutigte ihn, einen Antrag auf Verlängerung des Lehrauftrags zu stellen. Auf dem Weg zu unserem Weinberg brachte Munîr den Antrag ins Verwaltungsbüro der Universität. Auf dem Kasr im Weinberg atmeten wir die frische Luft und erholten uns.

Ein Rentensystem gibt es nicht in Palästina. Nur Angestellte im öffentlichen Dienst bekommen eine Rente. Die Mehrheit der Bevölkerung ist auf die Unterstützung durch die Familie angewiesen, besonders ältere Personen und verwitwete oder alleinstehende Frauen. Finanzielle Abhängigkeit demütigt und verletzt die Würde. Und die Angst ums

Überleben ist stets vorhanden. Unsere Ressourcen und unsere Kraft werden vom politischen Konflikt innerhalb Palästinas und mit Israel absorbiert. Frieden ist die Grundlage für eine menschenwürdige Entwicklung. Unser Recht auf ein sicheres und würdiges Leben wird irgendwann verwirklicht werden. Glauben wir daran, so werden wir es schaffen.

4. August
Am Ökumenischen Kirchentag Mitte Mai in München traf ich meine Freundin Magdalena Harnischfeger, eine Rechtsanwältin, und den bayerischen Landesbischof Johannes Friedrich, den ich als ehemaligen Propst in Jerusalem seit vielen Jahren kenne. Ich schilderte ihnen unseren Kummer mit Anîs, dessen Ausbildung zum Neurologen in Deutschland ausgeschlossen scheint. Sie versprachen, sich für ihn einzusetzen. Magdalena nahm Kontakt mit den Ärztekammern in München und Wien auf und stellte fest, dass alle zuständigen Verantwortlichen die Absurdität der Situation einsahen und sich bemühen wollten, einen Ausweg zu finden. Wie könnte man eine bilaterale Beziehung definieren, obwohl Palästina als Staat noch nicht anerkannt ist? Magdalena hat eine Lösung im Rahmen der Gesetze gesucht und erreicht, dass der Status als Staatenloser akzeptiert wird und Anîs die Stelle als Assistenzarzt in Bad Aibling im September antreten kann.

13. August

Als ich gestern auf dem Balkon Wäsche aufhängte, hörte ich Sirenengeheul und Korangesänge, die sich unserem Dorf näherten. Ich vergass meine Wäsche und schaute hinüber zur Einfahrtsstrasse von Ramallah. Ein Konvoi mit Dutzenden von Privatautos und Polizeiwagen, geschmückt mit Palästinafahnen und Transparenten, Fotos und Plakaten, folgte im Schritttempo einem Auto mit dröhnendem Lautsprecher. Ich erschrak. Wer aus unserem Dorf mochte getötet worden sein? Ich eilte zum Telefon, rief bei der Kirche und der Moschee an, die den Tod eines Menschen in der Regel mit Glockengeläut oder über Lautsprecher vom Minarett verkünden. Ich erfuhr, es handle sich um den Begräbniszug mit der Leiche von Maschur Aruri aus dem Dorf Arura, der vor vierunddreissig Jahren bei einem israelischen Militäreinsatz getötet worden war. Seither war der Tote auf einem Friedhof in Israel gefangen, wo die Gräber keine Namen, sondern nur anonyme Nummern haben. Erst atmete ich auf, dann stockte mein Atem, Gefühle tiefen Entsetzens und der Trauer überwältigten mich, während Sirenengeheul und Gesänge in der Ferne allmählich verhallten. Mein Gott, dachte ich, die Leiche war vierunddreissig Jahre lang zurückgehalten worden. Zwar fühlte ich mich erleichtert, weil jetzt niemand getötet worden war, doch mein Herz klopfte laut, und Erinnerungen an Verletzte und Getötete auch aus meiner Familie liefen wie ein Film ab. Schliesslich tröstete mich der Gedanke, dass Maschur endlich zu seiner Familie zurückkehrte, wenn auch nur als Toter.

Schon vor Monaten hatte Israels Oberstes Gericht, erstmals in einem solchen Fall, die Rückgabe von Maschurs

Leichenresten angeordnet. Kurz darauf war der Transport mit dem Toten auf dem Weg nach Hause, wo ihn alle erwarteten, gespannt und auf eine Trauerfeier vorbereitet. Doch kurz vor der Ankunft im Dorf kam der Befehl, die Leichenreste zurückzubringen: Eine Verwechslung von Knochenresten könne nicht ausgeschlossen werden, und es brauche eine neue DNA-Analyse. Gestern konnten seine Knochenreste endlich im Kreise der Familie in Arura in Würde begraben werden.

Von überall her strömten Hunderte Menschen zum Begräbnis. Auch wir von der Frauengruppe Birzeit gingen, um unser Beileid auszudrücken und der Mutter und der Familie unseren Beistand anzubieten. Umgeben von mehreren Frauen, sass die vierundachtzigjährige Mutter im Garten vor dem Haus. Sie hatte darauf bestanden, dass ihr Sohn dort begraben wurde, damit sie ihn jeden Tag besuchen könne. Sie kann kaum gehen und möchte die ihr verbleibende Zeit möglichst nahe bei ihrem Sohn sein. Oliven- und Dattelpalmenzweige bedeckten das Grab, Rosen und Jasmin schmückten es. Maschurs Mutter sagte: »Ich habe geweint, und es hat mir das Herz gebrochen, als ich ihn, von Jugendlichen respektvoll getragen, kommen sah. Ich wollte ihn anschauen, doch sie hielten mich davon ab. Ich tastete die mit weissem Tuch umhüllten Knochenreste ab, bis ich einen Knochen fassen konnte. Ich streichelte die Stelle, küsste sie und liess ihn dann ruhen. Ich nahm Abschied von ihm. Sein Vater starb schon vor Jahren an Kummer. Ich hatte gebetet, dass Gott mich am Leben erhalte, bis mein Sohn heimkehrt. Ich bin dankbar für Seine Güte.«

Neulich ist die Existenz von vier israelischen Nummernfriedhöfen bekannt geworden, womöglich gibt es noch andere. Dort liegen die im Kampf gefallenen oder im Gefängnis verstorbenen Palästinenser. Einer der Friedhöfe befindet sich nahe der Banat-Jakûb-Brücke in einem militärischen Sperrgebiet an der Grenze zu Syrien und dem Libanon. Dort sind um die 500 Leichenreste von Palästinensern und Libanesen begraben, die seit 1980 getötet wurden. Der Friedhof Bir al-Maksur liegt zwischen Jericho und der Damiabrücke am Jordan. Er ist von einer Mauer umschlossen, und auf dem Eisentor steht: »Ein Friedhof für die Feinde«. Hier befinden sich mehr als hundert Gräber, nummeriert von 403 bis 507. Kaum Informationen gibt es über den Revidim-Friedhof im Jordantal. Auf dem vierten Friedhof, Shuheitar in der Nähe des Dorfes Wadi al-Hammam in Galiläa, liegen die Leichenreste von Palästinensern, die zwischen 1965 und 1975 getötet wurden. Der Boden ist hier sandig, und die Gräber liegen nicht tief. Wenn der Sand vom Wind verweht oder vom Regenwasser abgetragen wird, werden Knochenreste freigelegt und der Verwüstung durch Raubtiere, Vögel und Insekten ausgesetzt.

Selbst nach ihrem Tod werden diese Menschen noch bestraft.

Israel hält die Leichen als Pfand für mögliche Verhandlungen zurück. Bei manchen Getöteten, die erst postum zu hohen Gefängnisstrafen verurteilt werden, um den Anschein von Rechtsstaatlichkeit zu wahren, bleiben die Leichen gefangen, bis die Haftzeit abgelaufen ist. Hunderte Familien trauern um die getöteten Söhne und Töchter und fühlen sich bestraft, weil die Toten nicht ruhen dürfen.

In Israel werden die palästinensischen Kämpfer für Freiheit und Unabhängigkeit als Terroristen betrachtet, denn sie haben zum Teil viele Israelis getötet. Für die Palästinenser sind sie Freiheitskämpfer, Märtyrer und Helden. Umgekehrt gelten in Israel Soldaten und Zivilisten, die auch viele Palästinenser töten, als Helden, weil sie ihre Verteidigungspflicht erfüllen. Solange wir in Konflikt leben und uns gegenseitig als Feinde verstehen, bleiben unsere Helden in ihren Augen Terroristen und ihre Helden für uns Terroristen. Alle sind sie Menschen, die in Frieden und Sicherheit in einem eigenen, souveränen Staat frei und würdig leben wollen. Wir hoffen auf den Tag, an dem wir eine gemeinsame Definition von Helden und Terroristen finden.

15. August

Jubel erschallt in unserem Haus: Munîr hat einen Anruf erhalten, er möge zur Universität kommen, um den Vertrag für einen Lehrauftrag für 2011 zu unterschreiben. Wir atmen auf und sagen uns: Hoffen und Vertrauen sollen uns immer begleiten.

6. Oktober

Im August und September war ich mit Seminaren und Treffen beschäftigt, hatte jedoch auch genug Zeit, um mich jeden Tag um meine Mutter zu kümmern und mindestens morgens und abends bei ihr vorbeizugehen. Zum Glück wohnt sie nur 200 Meter von meinem Haus entfernt. Als sie wieder einmal am Erzählen war, sagte ich zu ihr: »Jamma, du hast uns viel gegeben, Weisheit, Freundlichkeit, Liebe und Barmherzigkeit.« Ich erinnerte sie an ein Ereignis vor vielen Jahren: »Einmal kamen über hundert Soldaten die Strasse entlang. Sie liefen schnell, im Stechschritt. Wir hörten das Stampfen ihrer Stiefel und gingen auf die Strasse. Einer der Soldaten war so erschöpft, dass er hinfiel. Zwei andere traten zu ihm, um ihn aufzurichten. Sie stiessen ihn nach vorne, doch er fiel immer wieder hin. Da hast du schnell einen Krug Wasser geholt, bist zu den Soldaten hingegangen und hast gesagt: ›Halt, lasst mich zu ihm. Er hat ja eine Mutter.‹ Du gabst ihm zu trinken und hast ihm Stirn und Gesicht befeuchtet. Du hast ihn und auch die anderen Soldaten angelächelt, die mit starrer Miene zuschauten. Dann batest du sie, die Trage zu holen, die sie für Notfälle mitführten. Die beiden rannten davon, brachten die Trage, legten den Soldaten darauf, bedankten sich und trugen ihn davon. Da hast du in die Hände geklatscht und gesagt: ›Es hat geklappt.‹ Ich erwiderte: ›Seine Mutter wäre sehr gerührt gewesen, wenn sie das erfahren hätte.‹ – ›Nicht nur seine Mutter, sondern alle, die ein Herz haben‹, sagtest du.«

Seit sechs Monaten betreut Im Jûssuf täglich von acht bis sechzehn Uhr meine Mutter. Sie macht den Haushalt, kocht und pflegt sie vorzüglich. Dennoch wartet Mutter jeden Tag auf mich und meine Geschwister.

7. November

Gestern Samstag machte ich mich nach getaner Seminararbeit in Talitha Kumi in Bait Dschalâ, unweit von Bethlehem, auf den Weg nach Jerusalem zu einem Treffen mit einer Reisegruppe. Schon vor längerer Zeit hatte ich einen Passierschein, ein Permit, dafür beantragt und auch erhalten. Jerusalem liegt nur acht Kilometer von Bethlehem entfernt, aber mitten durch Bethlehem ist eine Mauer gebaut worden, die nur über einen grossen Checkpoint passiert werden darf, der ähnlich funktioniert wie ein Flughafenterminal. Ich kam problemlos durch das erste Drehkreuz, auch durch das zweite. Dann ging ich über die frühere Asphaltstrasse etwa 170 Meter hoch zum dritten Drehkreuz, hinter dem sich die Pass- und Dokumentenkontrolle und der Bodycheck befinden. Alle meine Papiere und die Genehmigung waren in Ordnung. Ich war froh und atmete tief durch. Doch der Körperdetektor piepste, als ich hindurchging. Ich erklärte der kontrollierenden Soldatin, dass ich ein künstliches Kniegelenk hätte und der Detektor darauf reagiere. Ich zog das Hosenbein hoch und zeigte die grosse Narbe. »Bitte vergewissern Sie sich mit dem Detektorstab«, sagte ich, »so wird es auch am Kalandia-Checkpoint, an der Grenze zu Jordanien auf der Jordanbrücke und am Flughafen gemacht.« Mit dieser Erklärung hatte ich bis jetzt die verschiedenen Checkpoints und auch die Kontrollen am Flughafen problemlos passieren können, zumal ich immer auch die Bescheinigung des Albertinen-Krankenhauses in Hamburg vorzeige.

Diesmal war es anders. Die Soldatin sagte: »Dein Knie braucht eine gesonderte Identitätskarte. Und du brauchst eine spezielle Erlaubnis, damit du mit diesem Knie nach Jerusalem gehen darfst. Diese Genehmigung muss bei der Militärbehörde beantragt werden.« – »Aber es ist mein Knie, und in den Papieren steht, dass das Kniegelenk aus

Titan hergestellt wurde, deshalb reagiert der Detektor. Wieso brauche ich andere Papiere, wenn meine Identitätskarte in Ordnung und das ausgestellte Permit für den Besuch in Jerusalem einwandfrei ist?« Die Soldatin aber bestand auf ihren Forderungen: »Deine Papiere sind okay, du könntest theoretisch passieren, aber nicht das Knie! Ohne Identitätskarte fürs Knie und den speziellen Passierschein gibt es kein Durchkommen.« Da platzte mir der Kragen: »Bei welchem Militärbüro gibt es Antragsformulare für eine Knie-Identitätskarte? Muss ich Röntgenbilder mitbringen, und brauche ich bei jeder Erneuerung der Karte neue Röntgenbilder?«

Es gab einen kurzen Wortwechsel mit den anderen Soldaten, die zugehört hatten und vor sich hin lachten. Einer von ihnen sagte: »Tut mir leid, aber sie ist der Boss. Sie bestimmt, wir können nichts für dich tun.«

In der Machtgier, im militärischen Denken gibt es keinen Raum für Logik und Menschlichkeit. Mir war sehr elend zumute, denn ich wusste, dass vierzig Menschen in Jerusalem auf mich warteten. In nur zehn Minuten könnte ich dort sein! Wie peinlich, wenn ich nicht rechtzeitig eintreffe. Die Situation war absurd, und ich beschloss, die Entschuldigung des lächelnden Soldaten als Hauch eines Mitgefühls zu verstehen, denn ich wollte mich nicht ärgern. Es hatte keinen Zweck, und ich würde nur darunter leiden. Ich dachte an meine Übungen zum Selbstschutz und zum Umgang mit Wut und Zorn: Jetzt ist es an mir, das, was ich unterrichte, selbst anzuwenden. Ich atmete tief durch, hielt einen Moment inne und sagte in aller Ruhe zur Soldatin: »Ich könnte also durchgehen, ohne mein Knie, stimmt's?«

Sie nickte. Dann fragte ich: »Haben Sie einen Abstellplatz für ein Knie? Ich hole es dann auf dem Rückweg wieder ab.« Da lachten alle Soldaten, und ich lachte mit. Mit erhobenem Kopf schaute ich die Soldaten an und sagte mir: Ihr macht nicht uns, sondern euch selbst kaputt. Eure Menschlichkeit verschwindet, meine jedoch wird grösser, gewinnt Oberhand und rettet mich.

Ich kehrte gelassen um und fuhr auf der Wüstenstrasse von Bethlehem über Bait Sahur und al-Obeidiyyeh, Abu Dis und Betanien nach Ramallah und Birzeit. Nach zweieinhalb Stunden kam ich erschöpft zu Hause an und entschuldigte mich telefonisch bei der Reisegruppe.

Das ist unser Alltag im besetzten Palästina, wo die Bewegungsfreiheit stark eingeschränkt und Planung immer mit dem Risiko des Scheiterns verknüpft ist. Dennoch, die Kraft wird jedem gegeben, der an sie glaubt. Jeder Mensch, der aus den Herausforderungen Kreativität und Überlebenskünste schöpft, erneuert seine Lebensfreude und gewinnt neue Chancen und Erkenntnisse.

2. Dezember

Während meiner Vortrags- und Lesereise in Deutschland und der Schweiz machte ich mir Sorgen um meine Mutter, auch wenn ich wusste, dass Im Jûssuf täglich bei ihr war und Rudaina sie oft besuchte. Jeden Tag erkundigte ich mich nach ihr, rief immer wieder meine Schwester und meinen Bruder und oft auch die Nachbarin an und bat sie, sich gut um Mutter zu kümmern. »Endlich bist du da«, sagte sie, als ich nach drei Wochen zurück war, »ich habe dich sehr vermisst. Ich kann vieles nicht mehr selber tun, und alle um mich herum haben ihre Arbeit und Verpflichtungen. Wie soll ich zurechtkommen, wenn du nächsten Monat für die zweite Knieoperation wieder nach Deutschland fliegst? Bitte sorg vor für mich.« Ich sagte: »Hab keine Angst, jetzt bin ich einen Monat hier, und wir feiern gemeinsam Weihnachten und Neujahr. Eine Woche vor der Abreise bringe ich dich dann ins Pflegeheim nach Taybeh. Du kennst es von Besuchen, dort sind auch sieben Frauen aus Birzeit, die dir alle vertraut sind. Es hat dir dort gefallen.« Sie war einverstanden. Ich versprach: »Ich werde dich jeden Tag besuchen, bis ich abreise, und dann werden Rudaina, Sâher, Munîr, Hâla und alle anderen dich jeden Tag besuchen, bis ich wiederkomme. Dann bringe ich dich wieder heim und sorge für dich.« Sie war erleichtert.

13. Dezember

Rudaina und ich blieben bis nach einundzwanzig Uhr bei Mutter. Wir versorgten sie und brachten sie dann ins Bett. Als wir hinausgingen, fragte sie: »Morgen früh kommt ihr doch wieder?« Ich sagte: »Ja sicher, wir kommen.«

14. Dezember

Um sechs Uhr morgens rief Sâher an: »Mutter ist hingefallen, komm schnell.« Ich eilte hin. Sie lag auf dem Boden und konnte sich kaum bewegen. Wir bestellten den Krankenwagen, und Rudaina und ich fuhren mit ins Krankenhaus nach Ramallah. Mutter hatte sich das Hüftgelenk und den Oberschenkel gebrochen, sie musste operiert werden. Nach der Operation hatte sie starke Schmerzen. Sie schrie, und Rudaina und ich weinten nur. Wir riefen nach einem Arzt und baten um schmerzstillende Medikamente. Die Krankenschwester kümmerte das nicht. Es tat uns weh, Mutter so leiden zu sehen.

15. Dezember

Rudaina und ich beschlossen, sie noch in der Nacht vom öffentlichen Krankenhaus in ein Privatkrankenhaus zu verlegen, wo es eine bessere Betreuung gab. Bis es so weit war, war es nach Mitternacht. Sie schrie, bis ihr die Stimme versagte, dann wimmerte sie nur noch. Mir und Rudaina brach es fast das Herz.

In der Privatklinik wurde sie gut versorgt, und die Schmerzen wurden gelindert. Sie war dann in der Lage, Segenswünsche auszusprechen, und bat uns, für Zusammenhalt und Liebe unter den Geschwistern besorgt zu sein: »Seid fromm und aufrichtig, behaltet Hoffnung und Glaube.« Wir beteten. Sie sagte dann: »Gott, ich danke Dir für alles, was Du mir geschenkt hast. Mögen Deine Kinder zahlreicher werden und Dir zu Diensten sein. Segne meine Familie und alle Menschen.« Wir merkten, dass sie dabei war, sich zu verabschieden. Ich übermittelte ihr Grüsse und die Liebe von allen meinen Geschwistern, von allen Verwandten, lobte sie, bedankte mich und segnete sie: »Geh hin in Frieden. Wir begleiten dich, und du wirst immer bei uns bleiben.« Rudaina konnte nicht aufhören zu weinen.

22. Dezember

Am 17. Dezember morgens ist Mutter heimgegangen. Die Trauerglocken läuteten in Birzeit, und viele Menschen kamen, um uns beizustehen. Sie wurde noch am selben Tag begraben. Die Grossfamilie bereitete das Trauermahl zu, an dem über 200 Leute teilnahmen. Das Haus meiner Mutter war für eine Woche geöffnet, und die Leute kamen vorbei, um zu kondolieren. Auch überall dort, wo meine Geschwister leben, die nicht zu den Trauerfeierlichkeiten nach Hause kommen konnten, – in Florida, Kalifornien, Texas und in Amman – wurden Trauerfeiern und Beileidsbesuche abgehalten.

23. Dezember

Es ist Weihnachtszeit, ich vermisse meine Mutter. Ich schreibe an meine Freunde:

»Abschied. Meine Mutter ist am 17. Dezember heimgegangen.

Viele von euch kennen sie, aus meinen Briefen und meinen Büchern. ›Ihr Herz ist so gross und weit, dass jeder in der Familie eine besondere Nische darin hat‹, habe ich einmal geschrieben. ›Niemals würde sie dulden, dass eine oder einer zu kurz kommt. Und wer im Leben besondere Schwierigkeiten hat, bekommt eine doppelte Portion Liebe, dann werde es ihm bessergehen.‹

Meine Mutter, die schöne, tüchtige, weise und fröhliche Frau mit dem grossen und weiten Herzen, ist fünfundachtzig Jahre alt geworden. Sie zog die eigenen neun Kinder und die sechs Kinder der krank gewordenen Schwägerin auf und pflegte die Schwiegereltern bis ins hohe Alter. Sie bewältigte die Hausarbeit und die Pflege des Weinbergs und der Olivenbäume, sammelte Holz und Gestrüpp, trug mehrmals täglich das Wasser im grossen Tonkrug auf dem Kopf von der Quelle im Tal hinauf zum Haus am Hang. Mutter hat nie Lesen und Schreiben gelernt, doch sie war es, die uns Kinder zum Lernen und Studieren angespornt hat. Mit ihrem Segen konnte ich meine Ausbildung machen. Meinen Kindern und allen dreiunddreissig Enkelkindern gab sie viel Liebe und Freude.

Seit mehr als fünf Jahren brauchte sie Pflege, die immer intensiver wurde. Meine Geschwister und ich wechselten uns ab, und täglich, ja stündlich dachten wir an sie und waren immer voller Sorge. Sie mochte nicht einfach zu Hause bleiben. Sie ging hinaus, fegte die Treppe, kehrte vor dem Haus und sogar die Asphaltstrasse, obwohl sie nur noch schlecht gehen konnte und immer wieder hinfiel. Jedes Mal waren wir froh, dass sie sich nichts gebrochen hatte.

Vor zehn Tagen hat sie sich bei einem Sturz Hüftgelenk und Oberschenkel gebrochen. Nach der Operation versagten die Nieren. Als Letztes hat sie Gott gedankt für alles Gute und den Segen, den sie und ihre Familie erfahren durften.

Der Weihnachtsbaum fehlt dieses Jahr in unserem Haus, doch freuen wir uns auf das nächste Jahr.

Allen wünsche ich frohe Festtage und ein gesegnetes neues Jahr.«

29. Januar
Nach der Operation meines zweiten Kniegelenks im Albertinen-Krankenhaus in Hamburg bin ich nun, wie schon vor einem Jahr, zur Rehabilitation im Sunnehus in Wildhaus. Das von Margrith Schneider gegründete Kurhaus ist ein wunderbarer Ort, der »Dem Leben Raum geben« zum Motto hat: »Im Sunnehus stehen Sie als Mensch auf Ihrem Lebensweg im Mittelpunkt. Unsere Grundlage ist ein offenes, ganzheitliches psychosomatisches Welt- und Menschenbild, welches Schöpfung und Geschöpf als Dreieinheit von Geist, Seele und Körper versteht und achtet.« Das spricht mich sehr an, und ich fühle mich genau richtig an diesem Ort.

11. Februar
Heute schrieb ich an meine Freunde:

»Ich möchte allen herzlich danken, die mich mit Liebe, Fürsorge und Unterstützung begleitet haben und es weiterhin tun. Es ist ein Geschenk des Himmels, dass ich so viele Freunde habe. Ich habe den Reichtum und die Fülle der Freundschaft so innig und grosszügig erleben dürfen in eurer Anteilnahme am Tod meiner lieben Mutter. Ich wusste, auch ich brauche Beistand und Trost, um alles verkraften zu können. Darum war mein letzter Brief nach dem Verlust fast ein Hilferuf. Ich wusste, dass ich mit all meinen Sorgen und Leiden, aber auch bei meinen vielen Aufgaben getragen werde. Ich habe unzählige Reaktionen erhalten mit lieben

Worten, Gedanken und Gefühlen, begleitet von wunderbaren Texten des Trostes und der Aufmunterung, von Gedichten und Überlegungen. Ich durfte vor Rührung weinen und vor Freude lächeln über eure Weisheit und die wunderbaren Gedanken der Anteilnahme und der Verbundenheit. Ich konnte damit meinerseits meine Familie trösten und stärken. Und ich werde viele der Gedanken in meinen Seminaren nutzen. Ich freue mich darauf, bald schon schmerzfrei meinen Aufgaben nachgehen zu können.«

Die Offene Kirche – Evangelische Vereinigung in Württemberg – teilte mit: »Am 20. März 2011 wird Sumaya Farhat-Naser in der Erlöserkirche in Stuttgart gemeinsam mit dem Israeli Reuven Moskovitz den AMOS-Preis für Zivilcourage in Kirchen, Religionen und Gesellschaft entgegennehmen. Seit vielen Jahren stehen beide im bestehenden Nahostkonflikt ›beispielhaft, gewaltfrei und prophetisch für Gerechtigkeit und Versöhnung‹, so die Jury mit Vertretern aus Kirchen, Politik und Medien in ihrer Begründung.«

Ich bin dankbar für die Anerkennung meiner Arbeit und lade alle meine Freunde zur Preisverleihung ein.

5. März

Heute fuhren Munîr und ich wieder einmal ins Nachbardorf Dura al-Qar, um den Frühling und die Natur zu geniessen und wenn möglich Gemüse zu kaufen. Das Bauerndorf ist eine Idylle mit einer sehr alten Kulturlandschaft mit Terrassenbewässerung. Die reichen Wasserquellen ermöglichen für verschiedene Gemüsesorten mehrere Ernten pro Jahr. Frauen, Männer und Kinder arbeiten mit und sind dankbar und stolz auf ihr Dorf, das ihnen bisher den Lebensunterhalt sicherte.

In Dura al-Qar hatte ich vor fünfunddreissig Jahren mit Alphabetisierungskursen und Frauenarbeit begonnen. Ich liebe das Dorf und seine Menschen. Hier sagte mir einmal eine Frau, die in ihrem Garten Petersilie pflückte und bündelte, um sie am nächsten Tag auf dem Markt zu verkaufen: »Frauen sind wie Petersilie, je mehr man sie beschneidet, desto kräftiger und schöner wachsen sie.«

Heute jedoch wirkte alles trübe und beängstigend. Die Gärten waren verwüstet, und die Bewässerungsschläuche hingen zerrissen über die Terrassenränder. Nur zwei Frauen waren zu sehen, und ich fragte sie, was los sei. Eine der Frauen antwortete: »Seit mehreren Monaten kommen die Siedler aus Bet El vom Hügel herunter. Vor Jahren haben sie uns bereits Land mit Gewalt weggenommen und ihre Häuser darauf gebaut, und heute machen sie uns das Leben zur Hölle. Sie kommen immer wieder, bedrohen uns, fordern uns auf, das Dorf zu verlassen, sie schiessen und verwüsten unsere Landwirtschaft. Wir sind gefangen in Angst und Verzweiflung. Nach jedem Angriff kommen Soldaten und fordern die Siedler zum Rückzug auf – ohne dass diese Konsequenzen zu fürchten haben. Dafür verhaften sie unsere Söhne. Mein Sohn sitzt seit fünf Monaten im Gefängnis, ohne Anklage. Mehr als zehn junge Männer aus dem Dorf sind im Gefängnis. Der israelische Militärgouverneur tut nichts dagegen. Wenn sich unser Dorfrat beschwert, wird ihm gesagt, er solle die Namen der Angreifer liefern, dann würde man den Fall untersuchen. Aber woher sollen wir die Namen der Siedler kennen? Schaut hin, unsere Böden veröden, Unkraut wuchert, und wir verarmen.« Wir gingen mit der Frau Richtung Quellen. An mehreren Stellen waren Felsen und Mauern mit Sprüchen beschmiert: »Tod den Arabern« – »Ihr werdet verschwinden oder getötet«. Es gab auch beleidigende Sprüche gegen den Propheten. Die Frau sagte: »Jeden Morgen gehen Leute durchs Dorf, um solche Sprüche zu übermalen, damit die Menschen sich nicht noch mehr gekränkt fühlen.«

Ich war sehr betrübt, und es kam mir vor, als verliere ich ein Stück meines Herzens.

Weiter unten im Tal fanden wir eine Gruppe junger Europäer, die eine kleine Bühne aufgestellt und daneben ihre Zelte aufgeschlagen hatten. »Seit einem Monat führen wir hier ein Sommercamp durch, mit Workshops und Trainings für Kinder und Jugendliche aus dem Dorf. Mit Malen, Basteln, Singen und Sport versuchen wir Freude und Hoffnung zu wecken. Unsere Präsenz schützt das Dorf vor Angriffen der Siedler. Aber wer schützt die Menschen, wenn wir nach einem Monat weggehen?«

10. März
Ich ging ins Büro der Menschenrechtsorganisation al-Haq in Ramallah, um für meine Seminare Unterlagen zur UN-Kinderrechtskonvention und zu Frauenrechten zu besorgen. Im Vorraum sass eine zierliche, dunkel gekleidete Frau. Sie weinte still vor sich hin. Ich legte meine Hand auf ihre Schulter und versuchte sie zu beruhigen. »Es ist in Ord-

nung, ich bin einfach erschöpft«, erzählte sie, »und ich kann vor meinen Kindern nicht weinen. Ich nutze die Zeit des Wartens, um meinen Tränen freien Lauf zu lassen.« Ich begann leise eine Melodie zu summen, die wir beim Trauern um einen geliebten Menschen singen. Ihr Weinen wurde lauter und ging in Schluchzen über. Sie schaute mich an und sagte: »Nein, niemand ist gestorben, aber warum nicht um die Olivenbäume trauern, die Weinreben, die Feigen- und Obstbäume?« Ich sagte, meine Mutter sei vor kurzem gestorben, und wenn es mir schlechtgehe, würde ich sie von neuem beweinen und mich dabei an all das Schöne mit ihr erinnern und Kraft schöpfen. Sie erwiderte: »Meine Mutter ist schon vor Jahren gestorben, aber vor kurzem habe ich meinen Mann verloren.« Sie begann mitzusummen, und wir weinten gemeinsam. Sie umarmte mich und stellte sich vor: »Ich heisse Mirjam Amin, ich bin aus Bait Surik. Ich bin Bäuerin.« Ich sagte: »Ich bin Sumaya aus Birzeit, wir sind auch Bauern, und ich bin Lehrerin und liebe es, mit Jugendlichen und Frauen zu arbeiten.« Sie fuhr fort: »Seit fünfzehn Jahren pflegen wir unsere 300 Olivenbäume. Wir haben einen Obstgarten angelegt mit 120 Weinstöcken, 80 Aprikosen-, 50 Pfirsich- und über 60 Pflaumenbäumen. Wir konnten davon gut leben. Allein der Verkauf der Weinblätter erbrachte jährlich mehr als 15 000 Schekel (rund 3000 Euro). Unsere Gesänge bei der Ernte waren weitherum zu hören. Vor drei Jahren jedoch wurde die Mauer gebaut und trennte uns vom Hain. Ein Eisentor wurde installiert. Offiziell heisst es, man könne um eine Genehmigung bitten, um durch das Tor auf das Land zu gelangen. Nach dem Regen müssen die Bäume unbedingt gepflegt und der Boden gepflügt werden, damit es reiche Erträge gibt. Doch dafür werden keine Genehmigungen erteilt. Wir freuen uns auf den Regen, doch dann schauen wir traurig hinüber zu unseren Bäumen. Ich rufe ihnen Entschuldigungen zu, weil ich sie seit drei Jahren nicht pflegen durfte. Es bricht mir das Herz. In diesem Jahr bekam ich die Genehmigung, für die Ernte durch das Eisentor zu gehen, jedoch nicht meine Söhne. Wie sollte ich allein die Oliven und das Obst ernten und nach Hause transportieren? Als ich endlich hindurfte, war es zu spät. Viele Äste der Pflaumen- und Pfirsichbäume waren unter der Last der Früchte abgebrochen. Ich umarmte die Bäume und weinte. Die Früchte waren überreif und verfault. Dennoch habe ich die Bäume geschüttelt, um sie von der Last zu befreien. Danach begrub ich die Früchtehaufen, so wie wir unsere Toten begraben. Geknickt kehrte ich mit leeren Händen und schwerem Herzen heim. Zu Hause sagte niemand ein Wort. Wir assen Brot mit Olivenöl und Thymian, dankten für die guten Gaben und seufzten. Nun sind wir entschlossen, auf die nächste Ernte zu hoffen. Ich bin hier, weil ich Hilfe suche. Ich habe einen Rechtsanwalt beauftragt, mir zu helfen, und ihm viel Geld gegeben, aber es hat nichts genützt. Nur Gott kann womöglich helfen.«

Ich war erfüllt von der Kraft, der Geduld und dem Durchhaltevermögen dieser Frau. Sie strahlte Vertrauen und Wärme aus, und es kam uns vor, als kennten wir uns seit Jahren. Ihr Mut und ihre Erzählung vom Leben, Leiden und Bestreben waren mir eine wichtige Lehre. Sie sagte dann: »Jetzt kann ich nach Hause gehen. Was können die Leute hier denn schon für mich tun?« Ich ermutigte sie zu bleiben. Mitarbeiter von al-Haq hatten sie besucht und einen Film über ihre Geschichte gedreht. Doch niemand wird ihr Land retten können.

20. März

Mit grosser Freude habe ich heute in Stuttgart den AMOS-Preis für Zivilcourage in Kirchen, Religionen und Gesellschaft der Offenen Kirche entgegengenommen, zusammen mit dem Israeli Reuven Moskovitz, der als Friedensaktivist treu und ehrlich seinen Prinzipien und Idealen folgt. Die deutsch-israelische Anwältin Felicia Langer, die für ihre deutlichen Worte heftig angegriffen wird, hielt die Laudatio, der SPD-Politiker Erhard Eppler, der klar und konsequent Dinge beim Namen nannte, hielt die Schlussrede. Besonders berührte mich, so viele Freunde und Bekannte anzutreffen, die von überall her gekommen waren, um mit uns die Freude zu teilen. Eine solche Preisverleihung ist für mich eine Ermutigung, eine Aufforderung zum Weitermachen. In meiner Dankesrede sagte ich, dass ich den Preis »stellvertretend für alle Menschen, die nicht schweigen, für alle, die handeln und sich einsetzen für Menschenrechte, Freiheit und Frieden«, entgegennehme. Dann ging ich auf den Umbruch im arabischen Raum ein:

»Die arabische Welt bebt im Drang nach Veränderung. Die seit Jahrzehnten andauernde Unterdrückung wird nicht mehr hingenommen. Der Wille der Menschen, die grundlegenden Bedürfnisse an Freiheit, menschlicher Würde und Brot zu sichern, gibt Kraft und ebnet den Weg zu einer neuen Zukunft. Ein langer und schwieriger Weg steht an, doch die Menschen werden es schaffen. Es ist auch ein Kampf zur Befreiung von Fremdbestimmung. Die Diktatoren konnten und können sich nur mit dem Geld halten, das sie für die Befolgung einer bestimmten Politik bekommen. Wie sonst erklärt sich die Anhäufung von Milliarden bei den Machthabern in Ägypten, einem überbevölkerten Land ohne Ressourcen? Wie kann ein solches Regime ein verlässlicher Verbündeter Europas, der USA und Israels sein? Ägypten und andere arabische Staaten tragen Mitverantwortung dafür, dass die israelische Besetzung palästinensischer Gebiete bis heute andauert. (...) Seit vierundvierzig Jahren leben wir Palästinenser unter Militärbesatzung in Unfreiheit, Diskriminierung und Unterdrückung. Wie noch nie zuvor sind wir heute in unserer Existenz bedroht. Unser Land wird uns systematisch weggenommen, Hunderte von Häusern auch in Ostjerusalem werden zerstört, Wohngebiete von Mauern eingegrenzt, die Bewegungsfreiheit ist eingeschränkt, die Entwicklung blockiert. Nur ein Bruchteil unseres Volkes hätte die Chance, in der übrig gebliebenen Fläche von ummauerten Inseln in Palästina zu überleben. Ist das die Basis für einen dauerhaften Frieden? Wer dazu schweigt, macht sich mitschuldig. (...)

Es sind die kleinen Schritte, die die Hoffnung lebendig halten. Zivilcourage und die gewaltfreie Veränderung beginnen bei den kleinen, scheinbar normalen Dingen des Alltags. Wer dazu beiträgt, Streit zu schlichten, Gewaltsituationen zu entschärfen, Empathie für Benachteiligte zu zeigen, konstruktiv Teamarbeit zu gestalten, Konflikte im Haus zu meistern, Diskriminierungen abbauen zu helfen oder sich aktiv für Frieden einzusetzen, kann die Erfahrung machen, dass Veränderung möglich ist und dass sie sich lohnt. (...) Zivilcourage ist nötig, damit es uns gelingt, unsere Wut in Handeln, Aktion, Gegenwehr und gewaltfreien Widerstand zu transformieren mit der Zielsetzung der Umkehr, der positiven Veränderung hin zu einer besseren Welt. Das ist das Ziel der Fortbildung und Friedenserziehung von Jugendlichen und Frauen in Palästina.

Ich schliesse mit einer Geschichte: Einmal waren wir zu Hunderten am Checkpoint Surda, und die Soldaten liessen niemanden passieren. Unruhe und Wut wuchsen an. Die Soldaten drängten die Menge zurück, und als ein Soldat einen jungen Mann mit dem Gewehr auf der Brust zurückschubste, knüpfte der Mann sein Hemd auf und sagte: ›Erschiess mich, wenn du willst!‹ Da ging ich schnell hin, stellte mich zwischen die beiden Männer, so dass das Gewehr nun auf meine Brust zielte. Ich öffnete meine Arme weit, dem Soldaten entgegen, und sagte: ›Hab keine Angst, ich will dich schützen, du hast ein Gewehr, aber ich schütze dich.‹ – ›Wieso, wer bist du?‹, fragte er. Ich sagte: ›Ich kenne deine Mutter, sie sorgt sich um dich.‹ – ›Wieso kennst du meine Mutter?‹ Ich sagte: ›Weil ich deine Mutter bin.‹ Daraufhin senkte sich das Gewehr vor meiner Brust. Der Soldat pfiff seinen Kameraden, sie stiegen schnell in den Jeep und verliessen den Ort.«

16. April

Heute bin ich mit zwölf Frauen zum Kasr im Weinberg gegangen. Wir wollten einfach die Natur geniessen und uns besinnen. Wir gingen durch das Labyrinth und rezitierten ein Entspannungsritual: »Ich streichle mein Gemüt / Hebe meine Hände / Ich grüsse die Wolken / Ich lüfte meine Gedanken / Und stelle sie in eine Reihe / Ich horche auf mein Herz / Und lasse Stille kommen / Ich ermuntere meine Ohren / Und warne meine Zunge! / Ich schüttele meinen Kopf / Strecke meine Knie / Stehe auf meinen Füssen / So gehe ich in den Tag hinein.«

Danach sangen wir ein Lied, tranken Tee und assen Kuchen.

20. April

Auf dem Weg zu meinen Seminaren mit der Frauengruppe in Dair Ibsî fahre ich jeweils durch Ein Arik, das Dorf, in dem unsere Vorfahren gelebt hatten. Es liegt acht Kilometer westlich von Ramallah und hat 1800 Einwohner, Christen und Muslime, die intensiv Landwirtschaft betreiben. Es gibt reichlich Wasser.

Jedes Mal lasse ich den Fahrer langsamer werden oder bei der Quelle anhalten, und ich schaue hinauf zum Hang, zum zerfallenen Haus des Urgrossvaters George, wo meine Tante Tamam wohnte, bei der ich als Kind oft zu Besuch war. Wunderbare Gefühle werden wach, und ich erinnere mich daran, wie ich und meine Schwestern Nuha und Hiâm mit Tamams Töchtern Nasra und Jusra den Mist aus dem Stall und vom Hof kehrten und in grosse, aus Olivenzweigen geflochtene Flachkörbe füllten. Wir trugen die Körbe auf dem Kopf den Hang hinunter zu den Granatapfel- und Zitrusbäumen und in den Gemüsegarten im Tal und verstreuten den Dung.

Als ich heute auf dem Weg nach Dair Ibsî war, machte ich wieder halt an der Quelle und schaute zu den Frauen hin, die ihre Krüge mit Wasser füllten. Da fragte eine von ihnen: »Wieso schaust du zu uns, brauchst du Hilfe?« Ich antwortete: »Danke, nein, ich frische nur meine Kindheitserinnerungen auf. Wie oft bin ich an der Quelle gewesen, habe den Tonkrug gefüllt und auf dem Kopf zum Haus meiner Tante Tamam, da oben beim Feigenbaum, hinaufgebracht.« Da sagte die Frau: »Du stammst also aus unserem Dorf, du bist eine von uns?« – »Ja«, erwiderte ich, »das bin ich.« – »Wieso fährst du seit Jahren hier durch nach Dair Ibsî, arbeitest dort mit den Frauen und kommst nicht zu uns?« Ich sagte: »Sehr gerne würde ich das tun.« – »Wir brauchen dich, wir wollen auch lernen.« Ich sagte: »Ich brauche euch auch, um zu lernen.« Ich begleitete die Frauen den Hang hinauf zum Feigenbaum bei der Ruine. Ich erinnerte mich: »Wie gerne haben wir die Feigen gegessen!« – »Wir alle im Dorf kommen jedes Jahr, wenn die Früchte reif sind, pflücken sie und erfreuen uns daran. Das Haus ist zur Ruine geworden, doch der Baum lebt weiter.« In diesem Moment beschloss ich, Leben in die Ruine zu bringen.

Bisher existiert in Ein Arik keine Frauenvereinigung. Frauen zu motivieren und anzuleiten, sich zu organisieren, ihre Situation verstehen und entwickeln zu lernen, wäre lohnenswert. Es gibt drei Schulen, die auch von Schülern und Schülerinnen der benachbarten Dörfer, auch aus Dair Ibsî, besucht werden. Auch sie könnten in die Arbeit miteinbezogen werden. Zwischen den Frauen dieser Dörfer bestehen gute nachbarschaftliche Beziehungen. Die Kooperative in Dair Ibsî könnte als Vorbild für Ein Arik dienen und ihre Erfahrungen vermitteln. Später könnten beide als Geschwisterkooperativen zusammenarbeiten.

29. April

In Bern findet heute die Abschiedsfeier für Albert Rieger statt, den Leiter der reformierten Fachstelle OeME, der in Pension geht. Ich bin ihm sehr dankbar für alles, was er getan hat.

Es war Albert Rieger, der mich Mitte der 1980er Jahre zum ersten Mal zu einer Veranstaltung mit jüdischen Schweizern über Friedens- und Versöhnungschancen einlud. Der Saal war voll, das Interesse gross, und vielen gefiel die ungewöhnliche Begegnung. Doch ein Herr protestierte. Er sprach harte und verletzende Worte aus, und in seinem Ton schwang die Androhung weitreichender Konsequenzen mit. Mein Herz klopfte heftig, und ich bekam Angst, denn es war damals Palästinensern und Israelis verboten, gemeinsam aufzutreten. Im Saal wurde es unruhig. Ich schaute um mich, suchte Rat oder einen Ausweg. Da sah ich Albert, wie er ruhig und gelassen zuhörte. Dann trat er mit erhobenem Kopf vor, und ich hörte ihn respekt- und gefühlvoll sagen:

»Ich trage die volle Verantwortung für diese Veranstaltung, und ich bin entschlossen, viele solcher Veranstaltungen durchzuführen, denn ich glaube an die Botschaft dieser Begegnung. Ich respektiere zwar Ihre Meinung und will daraus lernen, aber ich finde, es ist höchste Zeit, dass solche Begegnungen stattfinden und dass beiden Seiten ein Gesprächsforum gegeben wird. Wir hätten dies schon vor vielen Jahren beginnen müssen. Ich bin froh und dankbar, dass es heute möglich geworden ist. Wir bleiben dran!«

Das Publikum applaudierte, und die Atmosphäre im Raum entspannte sich. Welch ein Mut, welch eine Entschlossenheit: Albert brachte eine Botschaft, die uns verbindet und uns gegenseitig stärkt. In ihr wachsen wir und blühen auf. Albert war stets bereit, Impulse zu erkennen und sie in Taten zu verwandeln. Als nach einem Vortrag über die Bedeutung der Solidarität und des Friedens in Palästina und Israel in der Schweiz das Bedürfnis zum Handeln wuchs, war Albert dabei. Es begannen die monatlichen »Berner Mahnwachen für einen gerechten Frieden« im Herzen der Stadt.

Es ist so beruhigend, zu wissen, dass es Menschen wie Albert gibt. Einmal schrieb er mir eine Karte. Sie war bunt bedruckt mit vielen kleinen Menschen, die Hand in Hand rund um die Welt wanderten. Ich liebe diese Karte mit ihrer Botschaft: »Viele kleine Hände halten sich warm und fest. Viele Füsse machen viele kleine Schritte, sie verändern und verschönern die Welt.«

1. Juni

Das Projekt, für das Hâla arbeitete, ist Ende Mai abgeschlossen worden, und jetzt ist sie arbeitslos. Das ist die problematische Seite befristeter Projektarbeit, wie sie zunehmend von Stiftungen und Organisationen mit ausländischer Finanzierung durchgeführt wird. Tausende junger Leute werden durch die angebotenen höheren Gehälter angelockt. Eine Sekretärin etwa bekommt das Vierfache dessen, was sie an der Universität Birzeit verdient, aber ohne Jobgarantie und ohne soziale Absicherung. Durch die deutlich höheren Gehälter öffnet sich die Lohnschere, und die Lebenshaltungskosten steigen, weil die Preise für Bekleidung und Essen der Kaufkraft der Besserverdienenden angepasst werden. Zudem lassen sich viele junge Leute zur Aufnahme eines Bankkredits mit monatlichen Rückzahlungsraten verleiten. Das Angebot ist neu und wird von vielen genutzt, um die Kosten der Hochzeit zu decken oder um eine Wohnung oder ein Auto zu kaufen. Aber wenn die Frist für die Projektarbeit abläuft, können die Raten nicht mehr bezahlt werden. Viele verlieren dann ihre Ersparnisse oder ihre Wohnung an die Banken oder machen Schulden bei anderen Geldgebern; wieder andere sind gezwungen, Land zu verkaufen, um sich zu retten.

Hâla hat sich entschlossen, wieder in die USA zu gehen. Sie möchte dort zwei Jahre bleiben, damit sie einen amerikanischen Pass bekommen kann. Sie wird Fortbildungskurse besuchen und daneben als Sekretärin arbeiten. Die Trennung ist schwer für uns, und wir hoffen, dass sie später zurückkehrt und nicht im Ausland bleibt wie so viele.

2. Juni

Nach meiner Vortrags- und Lesereise in Deutschland und der Schweiz rief ich Abuna Asis an, um mit ihm den Beginn der Friedensarbeit in Ein Arik zu besprechen.

Abuna Asis war lange Zeit Pfarrer in Birzeit und kennt meine Arbeit mit den Jugendlichen und Frauen. Er ist jetzt Pfarrer in Bait Sahur. Seine Familie stammt aus Ein Arik, und er weiss, wie nötig es ist, die Frauenarbeit dort zu aktivieren, darum ist er begeistert von meinem Vorschlag. Er stellt die Verbindung zur katholischen Gemeinde in Ein Arik her und kündigt mein Kommen an.

17. August

Nach Wochen ist endlich ein Treffen mit den katholischen Frauen zustande gekommen. Sie begrüssen die Begegnungen, doch der Leiter der katholischen Schule zögert, er sieht zusätzliche Arbeit auf die Einrichtung zukommen. Er schlägt mir vor, ein Treffen mit dem Dorfrat zu beantragen und ihn um eine Genehmigung zu bitten. Das lehne ich ab. Zwar ist es wichtig, den Dorfrat und alle im Dorf über die geplante Frauenfortbildung zu informieren, sie soll jedoch niemals von den Herren im Dorfrat bestimmt oder von ihnen abhängig gemacht werden. Ich bin sehr enttäuscht, doch umso entschlossener, meinen Weg zu gehen.

24. August

Heute rief ich die Leiterin der gemischten UNO-Schule von Ein Arik an und bot ihr meine Dienste an. Sie war erfreut und lud mich gleich in die Schule ein. Beglückt fuhr ich hin. Sie hiess mich herzlich willkommen und sagte, ich brauchte nichts zu erklären, denn sie kenne mich und meine Arbeit aus Birzeit. Sie sei dort aufgewachsen und nach der Heirat ins Nachbardorf gezogen. Wir gingen zusammen in mehrere Schulzimmer, und ich stellte den Schülerinnen und Schülern der siebenten, achten und neunten Klasse das Programm vor. Es gehe darum, sie im Umgang mit Problemen zu begleiten und in ihrem Selbstwertgefühl zu bestärken, sagte ich. Probleme sollten definiert und angegangen und Lösungen gesucht und gefunden werden. Mit Hilfe gewaltfreier Kommunikation und Dialogfähigkeit könnten sie lernen, Frieden in sich und mit sich selbst zu finden, um Frieden mit den anderen zu erreichen. »Was liegt uns am Herzen, woran leiden wir, und wie machen wir uns frei von Problemen, wie schützen wir uns? Angst und Gewalterfahrung stehen oben auf der Liste. Weitere Probleme sind: Verzweiflung, Ohnmacht, Gleichgültigkeit, Stress, respektloses Verhalten, Demütigung, Zwänge und Überforderung, Orientierungslosigkeit, Konzentrationsschwäche, Motivationslosigkeit.«

Die Schülerinnen und Schüler waren begeistert. Wir machten zusammen einen Plan zu diesen Themen und wollen im September und Oktober acht Treffen durchführen.

Die Jugendlichen sind aufgefordert, zu Hause von dem Projekt zu berichten. Sie sollen die Erfahrung machen, dass sie mit ihrem Wissen positiv auf die Familie wirken können.

6. September

Nach dem Seminar in Talitha Kumi, als die Schüler mit dem Bus oder dem Sammeltaxi nach Hause gefahren waren, blieb Lina allein zurück. Sie warte auf ihren Vater, sagte sie. Er hole sie ab, weil es zu ihrem Dorf keine öffentlichen Verkehrsmittel gebe. Doch der Vater kam und kam nicht. Ich fragte, was wohl der Grund sei. Sie sagte, dass das oft vorkomme, sie wohne in Walajeh, einem Dorf in der

Nähe, doch müsse der Vater an Checkpoints der israelischen Armee vorbei. »Manchmal dauert es sehr lange, und wir leben ständig in Angst und Spannung. Ich kann nicht planen und mache mir Sorgen, ob genug Zeit bleibt für die Hausaufgaben. Unser Dorf ist total von der Mauer umgeben, es gibt einen einzigen Ausgang in Richtung Bait Dschalâ und Bethlehem.«

Ich ging nach Hause und setzte mich mit Hilfe von Berichten der UNO, von al-Haq und der israelischen Organisation Ir Amim (Stadt der Völker) ins Bild. Walajeh liegt zwischen Bethlehem, Jerusalem und dem israelischen Siedlungsblock Gusch Etzion. Das Dorf verlor 1948 mehr als die Hälfte seiner Ländereien, als der neugegründete Staat Israel seine Ostgrenze festlegte. Nach der Besetzung des Westjordanlandes 1967 beschlagnahmte Israel nochmals mehr als die Hälfte des übrig gebliebenen Dorflandes, um das Stadtgebiet von Jerusalem zu erweitern. Dort wurden die Siedlungen Gilo und Har Gilo gebaut. Walajeh konnte von der Landwirtschaft kaum noch leben, viele Menschen zogen weg. Heute zählt das Dorf 1800 Einwohner, weniger als ein Viertel der ursprünglichen Bevölkerung. Ab 2006 wurden Militärverordnungen erlassen, die Landkonfiskationen und Hauszerstörungen erlauben. Seither wurden mehr als zwei Dutzend Häuser abgerissen, und 41 der 200 verbliebenen Häuser sollen ebenfalls zerstört werden, weil sie ohne Bewilligung gebaut wurden. 2010 wurde die israelische Sperrmauer so eng um das Dorf gezogen, dass kaum noch Land übrig bleibt. Der Boden von Walajeh wurde Jerusalem zugeschlagen, nicht aber die Dorfbevölkerung: Sie hat den Status von Bewohnern des besetzten Westjordanlandes, das heisst unter anderem, dass ihre Bewegungsfreiheit beschränkt ist. Durch den Mauerbau und die Intensivierung des Siedlungsbaus verschwindet eine der schönsten Terrassenkulturen, die sich über Jahrhunderte entwickelt hat und als Kulturerbe hätte bewahrt werden müssen.

Omar Hajajla wohnt in Walajeh nicht weit von Lina entfernt in einem Haus, das knapp ausserhalb der Mauer liegt. Deshalb wurde es mit einem elektrischen Zaun abgeriegelt. Nur durch einen Tunnel kann die Familie zum Dorf gelangen. Gegenüber der israelischen Zeitung *Jerusalem Post* sagte Hajajla im Juli 2010, als man ihn mit dem geplanten Verlauf der Mauer konfrontierte: »Das bedeutet, meine Familie lebt im eigenen Haus in einem Gefängnis, und meine drei Jungen müssen auf dem Weg zur Schule vier Checkpoints überwinden. Ich weiss nicht, wie wir das verkraften werden, ich bin aber sicher, dass es die Hölle sein wird.«

Laut UNO-Angaben erleiden sechsunddreissig Dörfer das gleiche Schicksal wie Walajeh, weil die Mauer sie von ihrem Hinterland abschneidet und sie zwischen der israelischen Grenze und der Mauer eingeklemmt werden. Dieses Gebiet wird als »Saumzone« bezeichnet. Walajeh droht auszusterben, weil die junge Generation diese Gefängnissituation nicht aushält.

15. September

Al-Haq hat heute ein Bulletin mit folgendem Inhalt veröffentlicht: »Diese Woche sind siebzehn Gewalttaten registriert worden, die Siedler an verschiedenen Orten verübt haben, einschliesslich Angriffen auf Zivilisten in Jerusalem.

Wieder sind palästinensische religiöse Stätten angegriffen worden, in dieser Woche zwei Moscheen: al-Nourinein in Kusra und die Moschee von Jatma bei Nablus. Es handelt sich um Vandalismus, Besudelung der Wände mit beleidigenden und drohenden Sprüchen, Verbrennung von Teppichen und Gebetsbüchern. Mit einer Farbdose wurde ›Migron price tag‹ gesprüht.« Gemeint ist damit: Der Vandalenakt sei der Preis für die drohende Räumung von Migron. Es handelt sich dabei um eine mit Gewalt errichtete Siedlung, die auch nach israelischem Recht illegal ist und vom Militär geräumt werden soll.

31. Oktober

Heute ist Palästina von der UNESCO-Generalversammlung mit grosser Mehrheit in die Organisation der Vereinten Nationen für Bildung, Wissenschaft und Kultur aufgenommen worden. Das ist erfreulich. Zugleich sage ich mir: Warum dauerte es so lange, vierundsechzig Jahre seit dem UNO-Beschluss zur Gründung zweier Staaten, Israel und Palästina? Warum müssen wir immer noch um Anerkennung und Mitgliedschaft kämpfen? Traurig und wütend macht mich, dass Deutschland dagegen stimmte mit der Begründung, es sei zu früh. Weshalb zu früh, frage ich mich. Zu früh, weil Zeit gebraucht wird, damit Israel die Mauer zu Ende baut und weitere Fakten schafft, bis eine Zwei-Staaten-Lösung nicht mehr möglich sein wird? Es darf nicht hingenommen werden, dass Israel über ein anderes Volk bestimmt, ob und wann es Freiheit und Unabhängigkeit erlangen soll. Es darf nicht sein, dass souveräne

Staaten dieses Unrecht mit Rücksicht auf ihre Interessen hinnehmen. Das Recht auf Existenz, Selbstbestimmung und Staatlichkeit gilt für alle Völker, erst recht für Israel und Palästina.

7. Dezember

Nach der Vortrags- und Lesereise in Deutschland und der Schweiz flog ich für eine Woche nach Florida, um meine Familie zu besuchen.

Mein Cousin Suhil lud die ganze Familie Mubajid zu einem Vorweihnachtsfest ein. Die Urgrossväter waren vor über hundert Jahren in die USA ausgewandert. Mehr als achtzig Menschen kamen, und ich versuchte, von allen die Verwandtschaftsbeziehungen zu klären. Zwei der ältesten Onkel, Nadschib und Jassir, arbeiten seit Jahren an einem Familienstammbaum, auf dem über 300 Jahre zurückzuverfolgen sind, und sie nutzten die Gelegenheit des Treffens, um ihn, der von meiner Schwägerin kunstvoll gezeichnet worden war, zu präsentieren. Zum ersten Mal waren auf dem Stammbaum auch die Frauen aufgeführt. Jeder suchte nach dem eigenen Zweig. Der Stammbaum bewies die tiefe Verwurzelung unserer Familie in Palästina. Ich begann Suhil von meiner Arbeit in Ein Arik zu erzählen. Er war schon bei den ersten Sätzen gerührt, umarmte mich, küsste meine Stirn und sagte: »Das müssen alle hören.« Er klingelte mit dem Weihnachtsglöckchen, bat um Gehör, und ich begann zu erzählen:

»Der alte Dorfkern von Ein Arik ist unser Kulturerbe, dort liegen unsere Wurzeln. Viele Häuser sind verfallen. Es wäre schön, wenn das alte Dorf renoviert würde und mit einer Art lebendigem Museum wieder Leben ins Dorf zurückkehrte. Ich habe einen Vorschlag: Die Häuser von Urgrossonkel George und Urgrossvater Isaak, nebeneinander am Hang gelegen, prägen zusammen mit der Quelle unten und der gegenüber erbauten Moschee mit dem hohen Minarett und der katholischen und der orthodoxen Kirche das Landschaftsbild. Die Einwohner nennen die beiden Häuser nach den Urgrossmüttern, die sie bewohnt haben: Bait Sabha und Hilweh das eine, Bait Ghazaleh das andere. Wenn wir die Häuser renovieren und sie als Kulturzentrum für Frauen und Jugendliche nutzen, dann hat unsere Familie einen wichtigen Beitrag geleistet.« Alle waren von der Idee sehr angetan und bereit, mich zu unterstützen. »Ich brauche vor allem das Einverständnis der Erben«, sagte ich. Die anwesenden Erben gaben ihren Segen und sagten: »Um das Einverständnis der anderen kümmern wir uns.«

Ich erzählte ihnen Geschichten über die Gemeinschaft in Ein Arik, die ich von meinem Vater wusste. Ich beschrieb das gute Zusammenleben der Christen und Muslime – wie zum Beispiel vor rund hundert Jahren Abuna Issa, der Priester der orthodoxen Kirche, die Kirchenglocken fünfmal am Tag läuten liess, um die Muslime an ihr Gebet zu erinnern. Und wie er die übrig gebliebenen gesegneten Brotstückchen nach der Messe zu den Männern im Kaffeehaus unter dem Maulbeerbaum brachte, die sich in einer Reihe aufstellten und segnen liessen. War Ramadan, gab er den Muslimen unter ihnen zwar den Segen, aber kein Brot. »Ihr müsst fasten, das ist das Gebot Gottes«, mahnte er sie.

12. Dezember

Beim Freitagsprotest gegen die Beschlagnahme der Quelle von Nabi Salih durch Siedler aus Halamisch hat gestern ein israelischer Soldat aus kurzer Distanz eine Tränengasgranate auf den Kopf von Mustafa Tamimi gefeuert. Heute ist er seinen schweren Verletzungen erlegen.

Ein al-Qaws, die Quelle von Nabi Salih, ist eine der fünf Quellen, die das Rayatal zu einer blühenden Agrarlandschaft gemacht haben. 1977 haben die Militärbehörden das Areal, auf dem früher eine Polizeistation gestanden hatte, beschlagnahmt und den Dörfern Nabi Salih und Deir Nidham Schritt für Schritt mehr Land weggenommen und dieses als Staatsland deklariert. Man brauche es für militärische Zwecke, lautete die Begründung. Später wurde auf diesem Land die Siedlung Halamisch gegründet. Besonders nach dem Jahr 2000 wuchs sie stark an. Ein Zaun schloss weitere Ländereien mit ein und wurde immer wieder verlegt. Als die Bewohner sich beschwerten, versicherte die Militärbehörde, der Zaun werde entfernt. Er wurde zwar demontiert, aber weiter vorn neu errichtet, so dass noch mehr Land verlorenging. Jeden Freitag versammeln sich die Dorfbewohner und demonstrieren, manchmal unterstützt von israelischen Friedensaktivisten und internationalen Gruppen, gewaltfrei gegen den Quellen- und Landraub.

13. Dezember

Heute sind 135 Jugendliche aus Jerusalem, Tulkarem, Dschenin, Ramallah und Hebron sowie aus den Flüchtlingslagern Dschalasun und al-Fara nach Birzeit gekommen, um die Eröffnung der palästinensischen Zirkusschule zu feiern und ihre erlernten Kunststücke an einer Parade zu präsentieren.

Die Idee der Zirkusschule geht ins Jahr 2006 zurück. Der palästinensische Künstler Shadi Zmorrod und Jessika Devlieghere, eine belgische Hilfswerkmitarbeiterin, die früher mehrere Sommercamps für palästinensische Kinder im Libanon geleitet hatte, beschlossen, ihre Vision einer Zirkusschule zu verwirklichen. Sie begannen ohne eigene Räume und wanderten mit Koffern und Kartons von Ort zu Ort. Die Schule fing mit wenigen Schülern an, aber nach einigen Auftritten an verschiedenen Orten war das Interesse geweckt. Es kamen viele neue Schüler, und zahlreiche Leute engagierten sich als Volontäre. Nach fünf Jahren hat die Zirkusschule 165 Schülerinnen und Schüler im Alter von neun bis zwanzig Jahren. In einem Dreijahresprogramm werden Zirkuskünstler ausgebildet, die damit eine professionelle Karriere anstreben. Ein altes Haus in Birzeit, das von Riwaq, dem Centre for Architectural Conservation, renoviert worden war, wurde der Schule vom Besitzer des Gebäudes für fünfzehn Jahre zur Verfügung gestellt.

Die Schüler zogen durch die Strassen und verwandelten Birzeit in eine grosse Bühne. Sie trugen gruppenweise die gleichen bunten T-Shirts, gestreifte oder einfarbige bunte Hosen und farbige Masken. Die Jüngsten hatten bemalte Gesichter und trugen flatternde Flügel. Viele schwenkten bunte Stoffbänder und Tücher, manche präsentierten ihre Künste mit grossen bunten Ringen oder langen Stäben, andere hüpften und balancierten auf grossen Bällen, gingen auf hohen Stelzen oder fuhren auf Einrädern. Der vierzehnjährige Ahmad aus Hebron war als Clown verkleidet, mit roter Nase und orangefarbenen Flügeln. Manche bildeten Menschenpyramiden, machten Handstände und Überschläge auf der Strasse. Sie strahlten und schienen stolz und glücklich. Einer balancierte die Palästinaflagge auf seinem Kinn. Begleitet von Musik, zogen sie durch das ganze Dorf. Die Menschen traten aus den Häusern, schauten vom Balkon oder Fenster aus zu oder gingen hinter dem Zirkuszug her. Am Ende versammelten sich alle im Hof der Zirkusschule. Da begann das Fest erst richtig, mit Essen und Trinken, Tanz und Gesang. Zum Schluss präsentierten Jugendliche aus dem Flüchtlingslager al-Fara die Dabke, den traditionellen Tanz. Viele Zuschauer tanzten mit.

In der Schule geht es um weit mehr als um das Erlernen von Kunststücken und Akrobatik. Sie trägt zur Entwicklung einer gesunden Persönlichkeit bei. Die Schule glaubt an die Kraft des »sozialen Zirkus«. Sie will das kreative Potential der Palästinenser fördern, damit sie konstruktive Akteure in ihrer Gesellschaft werden. »Wir leben unter brutaler Besatzung«, sagten die Leiter in einem Interview. »Widerstand ist unser Recht und unsere Aufgabe. Aber wir treten für den gewaltlosen Widerstand ein. Daher halten wir uns strikt an ›Boycott, Divestment and Sanctions‹ (BDS), eine Bewegung, die zum Boykott israelischer Produkte und Dienstleistungen aufruft. Das ist ein Druckmittel und Zeichen der Empörung gegen die israelische Politik. Wir wählen die Kunst als Mittel, um soziale Gerechtigkeit zu erreichen. Wir normalisieren die Beziehung zu Israel erst, wenn es Gerechtigkeit gibt. Wir sind Teil der Öffentlichkeit, der Zivilgesellschaft, die die Besatzung beendet haben will. Wir leisten unseren Beitrag auf unsere Art.«

Trotz der eingeschränkten Bewegungsfreiheit hätten bereits mehr als 15 000 Menschen ihre Show gesehen, erzählten die Leiter. Mit Auftritten in Europa wollten sie auf die Situation im besetzten Palästina aufmerksam machen. »Wir wollten den Menschen dort von Angesicht zu Angesicht gegenübertreten und ihnen zeigen, dass wir genauso normale Menschen sind wie sie.«

Mit dem Zirkus werden überschüssige Energien der Jugendlichen, Aggressionen und Frustrationen freigesetzt und in positive Kanäle gelenkt. Das Balancieren auf dem Einrad verlangt Konzentration und Disziplin und trägt zur Balance im täglichen Leben und zur Verbesserung der Schulleistungen bei. Das Jonglieren von Bällen trainiert Koordination und Aufmerksamkeit auch im Alltag. Wenn Kinder die Möglichkeit bekommen, öffentlich aufzutreten, sich mit Bewegung und Kunst auszudrücken, fühlen sie sich freier, sie werden frei. Die Freude beim Tanzen, Singen und Spielen und der Erfolg bei Auftritten schaffen Perspektive und Hoffnung.

15. Dezember

Heute habe ich mit vier Frauen aus Birzeit Mustafa Tamimis Mutter in Nabi Salih besucht, um unser Beileid auszudrücken. Im Wohnzimmer hielten sich viele Menschen auf, unter ihnen Baschir Tamimi, der Vorsitzende des Dorfrates. Wir sprachen über die Situation vor Ort und über seine Ausführungen in einem UNO-Bericht. Dort hatte Tamimi geschrieben: »Seit Generationen kultivieren wir unsere Gärten, und nun kommen Israelis und nehmen sie uns einfach weg. Zwar sehen wir Siedler an der Quelle, aber sie machen es nicht allein und nicht ohne Unterstützung durch den Staat. Der regionale Siedlungsrat ist vertreten, er kümmert sich um die Infrastruktur, um das Agrarland in einen Ort für Tourismus umzuwandeln. Während es uns seit vierzig Jahren verboten ist, die Quellfassung und Kanäle zu erneuern, bauen sie jetzt Schwimmbäder und Picknickplätze und bringen Tische und Bänke, die als Eigentum des Ministeriums für Tourismus gekennzeichnet sind. Eine Informationstafel nennt die Quelle ›Meir Spring‹, nach dem Gründer der Siedlung Halamisch, und verwendet nicht die arabische Bezeichnung. Seit 2009 ist bei Auseinandersetzungen mit dem Militär um die Quelle ein Palästinenser getötet worden, und 185 wurden verletzt, unter ihnen 26 Kinder. Hausdurchsuchungen und Festnahmen sind in Nabi Salih und benachbarten Dörfern zum Alltag geworden. Vor allem die Kinder leiden unter der entstandenen Instabilität und Angst, viele sind traumatisiert.«

2012

11. Februar

Nach acht Treffen mit den Schülern und Schülerinnen in Ein Arik fand heute das erste Treffen mit den Müttern statt. Zweiundsechzig Frauen und ein Mann sind gekommen. Es war eine wunderbare Begegnung: Die Frauen zeigten sich erfreut über das, was ihre Kinder berichteten, und sie wollten auch lernen. Auch der Mann war begeistert von den Erzählungen seiner Kinder und wollte dabei sein, zumal seine Frau nicht kommen konnte, weil sie vor drei Tagen ein Kind geboren hatte. Unser Thema war: Umgang mit den Problemen der Teenager, Erziehung, Respekt und Begleitung. Ich stellte das, was die Eltern als Probleme mit den Kindern sahen, dem gegenüber, was die Schüler als ihre Probleme aufgelistet hatten. Viele Eltern waren erstaunt, denn sie hatten nicht gewusst, worunter ihre Kinder leiden. Die Gesprächsrunde, an der sich viele aktiv beteiligten, dauerte mehr als drei Stunden. Alle wollten weitermachen. Der Mann sagte, er wolle allen Männern davon erzählen und sie motivieren mitzumachen. Wir kamen auf Internet und Handy zu sprechen. Ich betonte, dass es wichtig sei, dass auch Eltern sich damit auskennen, um ihre Kinder begleiten zu können. Keine der anwesenden Frauen hatte Erfahrung mit Computer und Internet. So kam die Idee eines Computerkurses auf, und die Schulleiterin stellte spontan den Computerraum ihrer Einrichtung dafür zur Verfügung. Mehr als dreissig Frauen wollten sich sofort für den Kurs eintragen.

So bauen wir Schritt für Schritt an unseren Projekten.

1. März

Issa aus Ein Arik ist beauftragt worden, die Renovierungsarbeiten am Haus des Urgrossonkels zu koordinieren. Viele schauten gespannt zu, als die Arbeiten heute begannen, machten Vorschläge oder äusserten Skepsis, ob es gelingen würde. Das wachsende Interesse der Leute macht uns noch entschlossener, das Projekt zu verwirklichen. Nur Munîr war nicht zufrieden: Er fand, ich solle mir nicht noch mehr Arbeit aufladen. Er selbst habe genug zu tun mit der Sorge um den Besitz seiner Brüder und Verwandten, die im Ausland leben und nicht zurückdürfen. Er wolle von Ein Arik nichts hören. Ich sagte: »Ich verstehe das und respektiere deinen Wunsch.«

8. April

In einem im März erschienenen Bericht des UNO-Büros für humanitäre Angelegenheiten in Jerusalem lese ich über die Beschlagnahme der Quellen Ein al-Mahna in Burin und Ein al-Sijme in Nahalin bei Hebron. Sie wurden den Dorfbewohnern weggenommen und mit hebräischen Namen neu benannt. Das sind nur zwei Beispiele von insgesamt sechsundfünfzig Quellen, die innerhalb von drei Jahren beschlagnahmt wurden. In dem UNO-Bericht erzählt ein Bauer aus Bait Fajjar bei Hebron, siebenundvierzigjährig und Vater von sechs Kindern, seine Geschichte: »Mein Vater und sein Bruder lebten mit ihren Familien seit Jahrzehnten in den Höhlen neben der Quelle Ein al-Sijme. Wir kultivierten 30 000 Quadratmeter Land. Weinreben, Feigenbäume, Mandelbäume und saisonale Pflanzungen von Bohnen und Weizen sowie der Anbau verschiedener Gemüse sicherten unsere Lebensgrundlage. Seit den 1970er Jahren wurden Siedlungen um unser Land herum errichtet, aber während Jahren hatten wir keinerlei Probleme mit den Siedlern. Unsere Kinder gingen in Bait Fajjar zur Schule, kamen oft mit zur Quelle und halfen in der Landwirtschaft mit. In den 1990er Jahren begannen die Siedler, uns zu ärgern und uns zu verbieten, Wasser zu den Gemüsebeeten zu führen. Oft warfen sie Steine, manchmal feuerten sie sogar Schüsse ab. Sie schrien uns an und forderten uns auf zu verschwinden, denn das Land sei ihnen von Gott gegeben worden. Oft beschuldigten sie uns verschiedener Vergehen, mehrmals kamen Soldaten und nahmen meinen Vater fest. 1992/93 wurde er viermal unter Arrest gestellt und nach vielen Stunden jeweils wieder freigelassen. Als die Beleidigungen und Angriffe immer schlimmer wurden, verliessen wir die Höhle und zogen nach Bait Fajjar um. Mein Vater und ich kultivierten das Land weiterhin, aber für junge Männer wie meine jüngeren Brüder sowie für die Frauen wurde es sehr gefährlich, auf dem Land zu arbeiten. Mein Vater und ich schafften es nicht mehr allein. Mit gebrochenem Herzen und quälenden Gefühlen gaben wir auf.«

10. April

Bei al-Haq in Ramallah bat ich heute um Material zu den Auswirkungen der israelischen Sperrmauer auf die davon betroffenen Menschen und bekam Dokumente über zahlreiche Orte. Ich habe nur wenige ausgewählt, als Beispiele vieler Tragödien:

Kalkilia, eine palästinensische Stadt mit 42 000 Einwohnern, ist rundum von der Mauer umgeben. Die einzige Zufahrt wird von Soldaten kontrolliert. Mehrere Ortsteile sind durch die Mauer von der übrigen Stadt abgetrennt worden und seither vollkommen isoliert. Ein Beispiel ist das Quartier Ramadin, das seit 2003 sowohl von Kalkilia als auch vom umliegenden Westjordanland abgeschnitten ist. Am meisten betroffen von der totalen Isolierung sind die Schulkinder. Auf dem Schulweg müssen sie in beiden Richtungen durch ein bewachtes Eisentor, um auf die andere Seite der Mauer zu gelangen. Kinder ab sechs Jahren müssen manchmal stundenlang warten, bis die Soldaten das »Gate 93« öffnen und sie passieren lassen. Geöffnet ist das Tor – wenn sich die Soldaten daran halten – am Morgen und am Abend für je neunzig Minuten, am Mittag für sechzig Minuten. Die Schulkinder werden wie die Erwachsenen jedes Mal durchsucht und müssen mit bis zu vier Stunden Verspätung auf dem Hin- und Rückweg rechnen, im Sommer sind sie der Hitze, im Winter der Kälte und dem Regen ausgesetzt. Das führt dazu, dass Mädchen, aber auch zunehmend Buben nicht mehr in die Schule gehen wollen.

Azun Atmeh liegt zwölf Kilometer südlich von Kalkilia und hat 2000 Einwohner. Die Mauer zerschneidet den Ort in zwei Teile, so dass elf Familien, insgesamt siebzig Menschen, in der sogenannten »Saumzone« zwischen der israelischen Grenze und der Mauer eingeschlossen sind, vom restlichen Dorf abgetrennt. Nur durch das von Soldaten bewachte, stundenweise geöffnete Eisentor können die Menschen auf die andere Seite gehen. Palästinenser mit der

Westjordanland-Identitätskarte, die woanders wohnen, können nur mit einer Militärgenehmigung nach Azun Atmeh jenseits der Mauer gelangen. Allerdings werden Genehmigungen selten erteilt.

Ajûb, ein Familienvater, wird zitiert: »Seit 2006 sind wir mit unseren Häusern in einem Gefängnis. Unsere Autos dürfen wir nur ausserhalb des Tores benutzen. Wir lassen sie draussen stehen, schleppen unsere Lebensmittel und alles, was wir zum täglichen Leben benötigen, auf dem Rücken oder mit den Händen, die Frauen auf dem Kopf durch das Tor und weiter zu Fuss in unsere Häuser. Jedes Mal muss ich mich mit den Soldaten auseinandersetzen und sie davon überzeugen, dass das, was ich mit mir führe, nur für den eigenen Bedarf ist. Einmal pro Woche muss ich einen achtzehn Kilogramm schweren Gaszylinder, den wir zum Kochen und im Winter zum Heizen benötigen, auf meinen Schultern durch das Tor und dann mehr als 200 Meter zu meinem Haus schleppen. Die Menge an Lebensmitteln, die wir durch das Tor bringen dürfen, ist beschränkt und nur für den Eigenbedarf bestimmt. Erlaubt sind etwa alle zwei Wochen fünf Kilogramm Reis, drei Kilogramm Fleisch, wenige Kilogramm Gemüse. Wenn ich einen Zwanzig-Kilogramm-Sack Mehl mitbringe, beschuldigen mich die Soldaten, ich wolle es weiterverkaufen. Aber Mehl ist unser Hauptnahrungsmittel, und meine Frau bäckt täglich Brot, da wir keines kaufen können. Im Ort gibt es keinen Lebensmittelladen.«

Abdul Karim, ein Bauer, berichtet: »Ich habe ein Stück Land, das ich kultivieren kann. Ich darf aber keine Düngemittel, keine Bewässerungsschläuche oder anderes Gerät kaufen und durch das Tor bringen. Jegliches Material zum Bauen oder Reparieren ist verboten. Es macht die landwirtschaftliche Arbeit unmöglich, von der meine Familie früher leben konnte. Meine drei Söhne und zwei Töchter leben mit ihren Familien jenseits der Mauer. Sie können uns nicht besuchen, meine Söhne können in der Landwirtschaft nicht mitarbeiten. Dabei wäre mir geholfen, und sie hätten eine Beschäftigung. Jetzt sind sie arbeitslos. Nach zehn Uhr abends darf sich niemand mehr dem Eisentor nähern. Wir leben einen Albtraum und in ständiger Angst, jemand von uns könnte in der Nacht krank werden, einen Schlaganfall erleiden und in Lebensgefahr schweben, und wir könnten nicht helfen. Meine Hoffnung schwindet, dass wir das durchhalten. Aber genau das wollen die Israelis: dass wir unser Land verlassen.«

25. April

Heute kam eine erfreuliche Nachricht: Das Literaturhaus Köln und der *Kölner Stadt-Anzeiger* haben meine Lebensgeschichte *Thymian und Steine* als »Buch für die Stadt« 2012 ausgewählt. Es wird extra dafür in einer Sonderausgabe neu aufgelegt. Die Aktion findet dieses Jahr zum zehnten Mal statt.

Ich fühle mich bestärkt und ermutigt auf meinem Weg und in meiner Botschaft. Erstaunt und erfreut bin ich insbesondere, weil es für einmal eine Ehrung nur für mich allein ist. Bei den meisten Auszeichnungen, die ich in Deutschland bekommen habe, unter anderen die Hermann-Kesten-Medaille des P.E.N.-Zentrums und der Bremer Solidaritätspreis 2002, musste immer eine Israelin oder ein Israeli den Preis mit mir teilen. Eine positive Entwicklung, finde ich, alle Achtung!

1. Mai

Ich war zur Konferenz der Internationalen Gesellschaft für Prozessorientierte Psychologie IAPOP in Zürich eingeladen und habe dort über meine »Vision für die Friedensarbeit« gesprochen. Besonders auf die Bedeutung der Friedenserziehung bin ich eingegangen: Wie können wir mit der bitteren Erfahrung der Unterdrückung, Demütigung, Entrechtung und Bedrohung umgehen? Wie können wir mit der Existenzangst umgehen, die die Herzen verschliesst, mit Wut, Zorn und Hass und mit der Ohnmacht, die lähmend wirkt und den Glauben an Frieden zerstört?

»Wie retten wir unsere Jugend vor dem Zerbrechen in dieser schwierigen Situation? Allein durch das Arbeiten an uns selbst. Uns selbst stärken im Guten, das jedem Menschen innewohnt und das uns im Glauben anvertraut worden ist.

Frieden mit sich selbst zu finden ist die Basis, um den Frieden mit den anderen zu erreichen. Erziehung zum Frieden öffnet neue Optionen der Wahrnehmung, des Denkens und der Kommunikation und erweckt die Freude am Leben. Das ist die Grundlage meiner Friedensarbeit an Schulen, an der Universität und mit jungen Müttern.

Friedenserziehung ist gegenseitiges Kennenlernen: mit Respekt die kulturelle Identität und die historische Erfahrung des anderen wahrnehmen und anerkennen und die Unterschiede als Bereicherung ansehen. (...) Friedensarbeit ist die Bereitschaft, zu lernen, zu erkunden, was die anderen erfreut oder verletzt. Lernen, zuzuhören und das Fremde zu schätzen. Aufeinander zugehen in religiösen und kulturellen Fragen. Das bedeutet keineswegs, zu kapitulieren oder sich zu unterwerfen, sondern sich selbst treu zu bleiben, die eigene Identität zu wahren und die für sich selbst beanspruchten Rechte auch den anderen zuzusprechen. (...)

Friedenserziehung in Kindergärten, Schulen, Universitäten und an allen Ausbildungsstätten hat höchste Priorität und soll Kernbestandteil des Pflichtstoffs im Stundenplan sein. In Medien und Fortbildungsprogrammen sollen alle Bevölkerungsschichten diese Friedensbildungsstrategie als Ziel anstreben. Friedenskommunikation muss gelernt werden, und insbesondere Politiker sollen die Friedenssprache anwenden.«

Ich bin in meinem Referat auch auf schwierige Themen und Begriffe eingegangen, die in den Seminaren anzusprechen eine wichtige Herausforderung ist: »Schwierige Begriffe sind: Frieden, Demokratie, Menschenrechte, Freiheit, Recht und Sicherheit – eigentlich Ideale und Ziele, die alle anstreben. Doch wir leiden, weil wir sie entbehren. Und sie wirken auf uns als Angriffe, weil in ihrem Namen so viel Ungerechtigkeit und Übel geschieht. (...) Wir meiden bewusst das Wort ›Selbstmordattentat‹, weil es sehr verletzend ist. Selbstmord ist gemäss unserem Glauben verboten, ja eine Sünde. (...) Auch das Wort ›Terror‹ versuche ich zu vermeiden. ›Wir wollen über die Gewalt sprechen, die uns angetan wird‹, so beginne ich meist meine Seminare mit

Jugendlichen. Dann fühlen sie sich erleichtert, weil das ein Anerkennen ihres Leidens bedeutet. Sie atmen auf und sind dann auch bereit, den nächsten Satz zu hören: ›Und wir wollen über die Gewalt sprechen, die wir den anderen zufügen.‹ So wird das Gespräch möglich.«

8. Mai

Der vor bald zwei Jahrzehnten gestartete Friedensprozess entpuppt sich als pure Illusion. Zu diesem Befund hat die International Crisis Group, eine auf Krisenprävention spezialisierte Organisation, gestern einen Bericht veröffentlicht. Darin heisst es:

»Glaubt jemand noch an den Nahost-Friedensprozess? Neunzehn Jahre nach Oslo und dreizehn Jahre, nachdem eine endgültige Regelung hätte erreicht werden sollen, sind die Aussichten für eine Zwei-Staaten-Lösung so düster wie nie zuvor. Die internationale Gemeinschaft bewegt sich in dieser Sache mit wenig Energie und ebenso wenig Überzeugung. Die direkt betroffenen Parteien, Israelis und Palästinenser, scheinen schon vor geraumer Zeit die Hoffnung verloren zu haben. Die trennenden Gräben sind zu tief, es ist nur schon eine Herausforderung geworden, beide Seiten in demselben Raum zusammenzubringen. (...) Nach fast zwei Jahrzehnten sind alle Beteiligten in einem So-tun-als-ob-Spiel engagiert, als könnte eine Wiederaufnahme der Verhandlungen unter den gegenwärtigen Umständen zum Erfolg führen. Der erste Schritt wäre, anzuerkennen, dass der Prozess sinnlos geworden ist, anzuerkennen, dass der Kaiser keine Kleider hat.«

1993 waren in Oslo Verhandlungen zwischen Israelis und Palästinensern aufgenommen worden. Die Formel hiess damals: »Land für Frieden«. Israel würde sich aus den besetzten Gebieten Westjordanland und Gazastreifen zurückziehen, und auf diesen insgesamt noch zweiundzwanzig Prozent des ursprünglichen Landes Palästina würde der Staat Palästina entstehen, Seite an Seite mit Israel, und gemeinsam würden beide den Frieden aufbauen und sichern. Die Verhandlungen waren schwierig, ein Schritt nach vorne, zwei Schritte zurück. Aufgrund des asymmetrischen Kräfteverhältnisses behielt Israel als Besatzungsmacht die Oberhand und diktierte weitgehend das Geschehen. Die Palästinenser konnten entweder akzeptieren und verlieren oder ablehnen und nochmals verlieren. Die Weigerung Israels, jegliche Intervention seitens der UNO oder anderer Länder zuzulassen, das Fehlen klarer Zeitpläne und Mechanismen, um die Umsetzung der unterschriebenen Verträge zu überwachen, anhaltende Gewalt und vor allem der fortgesetzte Bau israelischer Siedlungen entzogen den Verhandlungen nach und nach den Sinn. Israel gewann Zeit, um auf dem besetzten Land vollendete Tatsachen zu schaffen.

Aufgrund der Verträge wurde das Westjordanland 1995 in drei Zonen aufgeteilt. Die Zone A (18 Prozent der Fläche) steht voll unter palästinensischer Verwaltung; sie beschränkt sich im Wesentlichen auf die grösseren Städte. In der Zone B (21 Prozent) verwaltet die palästinensische Autonomiebehörde die zivilen Belange, die Sicherheit ist in israelischer Hand. Zone C (61 Prozent) umfasst das gesamte Gebiet zwischen den Städten und Dörfern und steht komplett unter israelischer Herrschaft. Im Widerspruch zum internationalen Recht sind in dieser Zone auf palästinensischem Land mehr als 150 israelische Siedlungen gebaut worden.

Die Besiedlung des Landes ist ein Kernpunkt der zionistischen Ideologie. Eine Priorität aller Regierungen Israels war und ist die Siedlungspolitik. Planung, Finanzierung und Realisierung ist Sache von Regierung und Parlament. Der Siedlungsbau im besetzten Gebiet beruht auf dem Raub palästinensischen Landes. Mit Militärverordnungen wird der Bruch des Menschen- und Völkerrechts zugedeckt und gerechtfertigt.

Die Siedlungspolitik verfolgt das Ziel, das palästinensische Land in Enklaven zu zerstückeln, was das Leben für Palästinenser zunehmend unerträglich macht. Es gibt zwei Strassennetze, eines nur für Israelis und Ausländer, das andere – schlechtere – für Palästinenser. Durch militärische Sperrgebiete, die Abriegelung oder Zerstörung von Strassen und den Bau von Mauern und Zäunen sind im Westjordanland grössere und kleinere Gefängnisse und Käfige entstanden, die den Lebensraum und die Mobilität der Palästinenser einschneidend einschränken.

Die Situation ist verwirrend, komplex und schwer zu durchschauen, und wir fühlen uns ohnmächtig. Der sogenannte Friedensprozess hat unsere Hoffnungen laufend enttäuscht. Ständig werden Tatsachen zu unseren Ungunsten geschaffen, es ist unglaublich, was geschieht, und alle schauen zu, gleichgültig und mutlos. Anscheinend ist unser Leiden nicht gross genug für eine Intervention von aussen, hier diktieren die Starken ihre Interessen.

20. Mai
Die Renovierung des alten Hauses in Ein Arik macht grosse Fortschritte. Das ganze Dorf spricht begeistert davon. Ich besuchte den ältesten dort lebenden Verwandten, den achtundachtzigjährigen Onkel Jûssuf, um ihm von der Arbeit zu berichten und seinen Segen zu erhalten. Schon nach wenigen Sätzen unterbrach er mich: »Ich weiss alles, im Kaffeehaus sprechen die Männer von nichts anderem. Ich bin glücklich über alles, was ich höre, heute zum Beispiel, dass du am Haus mit der Ölpresse eine Eisentür hast anbringen lassen. Ich bin stolz und gerührt, ich danke dir.« Ich fragte ihn nach jener Ölpresse, die der Grossfamilie Mubajid gehörte und bis vor fünfzig Jahren in Betrieb gewesen war. Die grossen runden Presssteine, die damals von Männern und Tieren gedreht wurden, sind noch vorhanden. Das Gebäude mit dem Gewölbe ist eine Pracht, trotz Abnutzungserscheinungen. Die Eisentür liess ich anbringen, um die alten Presssteine vor Diebstahl zu schützen. »Mein Vater hat mir vom Bau der Ölpresse erzählt«, sagte Onkel Jûssuf. »Es herrschte Not, und alle mussten beim Bau helfen. Mein Vater ging mit anderen Jungen in die benachbarten sieben Dörfer, um Weizen zu sammeln. Er trug das Getreide auf dem Rücken nach Hause, wenn der Esel für andere Arbeiten benötigt wurde. Wenn er nur wenig bekommen hatte, sammelte er die Weizenkörner in seiner Schürze und brachte sie den Frauen, damit wenigstens Brot für den Baumeister und die Arbeiter gebacken werden konnte.«

Die Frauen in Ein Arik beobachten die Renovierungsarbeiten ebenfalls mit Interesse. Sie bringen den Arbeitern Tee und Kaffee und manchmal Brot und Obst und zeigen damit, dass sie sich mit dem Projekt verbunden fühlen und ihren Beitrag leisten möchten, denn im renovierten Gebäude werden später unsere Treffen und Aktivitäten stattfinden. Zum ersten Mal wird in diesem Dorf ein Projekt verwirklicht, das besonders Mädchen und Frauen anspricht.

Um den Hof zu vergrössern, hatten wir uns entschlossen, den alten, knorrigen Feigenbaum zu entfernen. Die Arbeit war mühsam, weil an diesem Ort keine Maschinen eingesetzt werden konnten. Zwölf Männer waren damit beschäftigt, die harten Felsen zu zerkleinern und Erde und Geröll wegzutragen.

Im Dorf hatte sich die Nachricht verbreitet, dass der wunderbare Baum, der köstliche Feigen trug, entfernt werden solle. Ob er in der Ecke des Gartens, wohin wir ihn verpflanzen, noch einmal treiben wird, wissen wir nicht. Die Leute brachen sich junge Zweige ab, um sie in ihre Gärten zu pflanzen. Auch ich nahm sieben Zweige mit und pflanzte sie in Töpfe bei unserem Haus in Birzeit, damit sie durch regelmässiges Giessen den ersten Sommer der Neugeburt überstehen. Wir sind zuversichtlich, dass der Feigenbaum auf diese Weise weiterleben wird.

Die Aussenrenovierung des alten Hauses ist beendet. Die hartnäckigen Wurzeln von stachligem Gestrüpp und von Kapern- und Mandelbäumen hatten die Wände und das Dach durchsetzt und mussten mühsam ausgegraben werden. Breite Risse in den Wänden wurden mit Eisenverstrebungen gefestigt, die Ritzen mit Zement gefüllt.

Der Hof ist, von Fels, Geröll und Erde geräumt, mit Steinfliesen ausgelegt worden. Eine Mauer umschliesst ihn und verleiht dem geräumigen Platz Schönheit, Schutz und Geborgenheit. Aus alten, ausgebauten Steinen wurden eine kleine Küche und Toiletten errichtet, auch Wasserleitungen und Elektrizität gibt es nun.

Im Innern des Hauses mussten die Decke des Bogengewölbes und die Wände von verschimmeltem und abbröckelndem Putz befreit werden. Zusammen mit den hellen Fliesen schafft dies eine angenehme Atmosphäre.

Von der Dachterrasse aus überblickt man das ganze Tal, die Hauptstrasse mit der Quelle, die Moschee und die Türme der katholischen Kirche und der sehr alten griechisch-orthodoxen Kirche. Das Läuten der Glocken und die Gebetsrufe vom Minarett vermischen und ergänzen sich. So vollendet sich das Landschaftsbild mit der friedvollen Gemeinschaft in Ein Arik.

8. Juli

Gegen Ende unseres heutigen Frauentreffens in Birzeit bat Lama um Gehör, sie habe etwas Wichtiges mitzuteilen. »Ich möchte euch teilhaben lassen an einer schönen Erfahrung«, begann sie. »Ich habe hier im Seminar gelernt, mutig zu handeln und weise vorzugehen. Ich bin stolz auf mich. Mein Sohn Ibrahîm war in der achten Klasse der katholischen Grundschule. Im Abschlussexamen in Mathematik hatte er schlecht abgeschnitten. Er musste die Prüfung erneut ablegen, und obwohl er diesmal knapp bestanden hatte, bestimmte die Schulleiterin, dass er die Klasse wiederholen müsse. Er fand das unfair und bat um eine Chance, aber die Schulleiterin blockte ab. Er schämte sich, weinte, schloss sich tagelang in sein Zimmer ein und wollte niemanden sehen oder sprechen. Ich machte mir grosse Sorgen und überlegte, wie ich ihm helfen könnte. Ich wusste, dass er eine schwere Zeit durchmachte, auch weil sein Vater krank war und er, als ältester Sohn, sich für die Familie verantwortlich fühlte. Ich wusste auch, dass er gut lernen kann und gerne lernt, wenn er Ruhe hat. Da die Schulleiterin ihm keine Chance geben wollte, beschloss ich, zur Schulbehörde zu gehen.

Ich hatte noch nie zuvor mit einer Behörde zu tun. Ich bereitete mich so vor, wie wir es hier im Seminar gelernt hatten. Ich suchte die Telefonnummer, rief die Sekretärin an und bat um einen Termin beim Leiter der Schulbehörde. Ich notierte mir die wichtigsten Punkte und Argumente und ging mit Ibrahîm hin. Es war nicht leicht gewesen, ihn zu überzeugen, aber er suchte ja einen Ausweg und hatte Vertrauen zu mir. Ich klopfte an die Tür und wartete, bis man uns eintreten liess. Mit einem fröhlichen Gesicht dankte ich dem Herrn zunächst für seine Bereitschaft, sich die Zeit zu nehmen, sich mein Anliegen anzuhören. Ich schilderte das Problem und bat darum, Ibrahîm gleich jetzt eine Prüfung machen zu lassen. Der Herr war beeindruckt von meinem Mut und meiner Entschlossenheit, und er ging mit Ibrahîm ins Nebenzimmer. Ich hörte ihn telefonieren und die Prüfung organisieren. Ich bedankte mich und ging hinaus. Nach fast zwei Stunden rief mich der Herr wieder hinein und sagte: ›Sie sind eine gute Mutter, und Sie haben einen guten Sohn. Seine Kenntnisse sind überzeugend, er hat die Prüfung geschafft und darf in die neunte Klasse versetzt werden. Ich schlage vor, er geht für ein Jahr in die Prinz-Hassan-Schule und im nächsten Jahr dann zurück in die alte Schule. Wir wollen die Schulleiterin nicht in Verlegenheit bringen. Ich habe schon mit ihr gesprochen, und sie ist einverstanden mit dieser Regelung.‹

Auch Ibrahîm und ich waren einverstanden. Ich habe meinen Sohn gerettet und in die richtige Bahn gelenkt, darüber bin ich glücklich.«

18. Juli

Wiederum hat Munîr den befürchteten Brief von der Universität bekommen mit der Mitteilung, sein Lehrauftrag laufe Ende August aus. Da Munîrs Antrag auf Verlängerung in den letzten beiden Jahren jeweils stattgegeben wurde, reagieren wir etwas gelassener. Munîr reicht einen neuen Antrag ein, wir hoffen und vertrauen.

10. August

Freude und Erleichterung sind in unser Haus eingekehrt. Munîr hat vom Dekan der Universität ein Schreiben bekommen: Sein Antrag auf einen neuen Lehrauftrag wurde gebilligt. Gott sei Dank, sagten wir, das Jahr 2013 ist für uns finanziell gesichert. Eine Verlängerung auch für 2014 wird nicht mehr möglich sein, denn Munîr wird dann siebzig Jahre alt. Aber wir beschlossen, nicht daran zu denken, sondern den heutigen positiven Bescheid zu feiern. Wir gingen zum Kasr im Weinberg, kochten Pfefferminztee, assen unser Abendbrot und genossen die Natur. Wir erfreuten uns an den Blüten von Kapern und Jasmin und an den Disteln im Weinberg.

14. August

Für gestern war eigentlich ein Seminar mit den Frauen von Ein Arik geplant. Eine von ihnen rief mich an und sagte, das Seminar müsse ausfallen. Die Leichenreste zweier Söhne des Dorfes seien aus dem Nummernfriedhof entlassen worden, und sie gingen alle an die Beerdigung. Ich schloss mich ihnen an.

Auf Druck der über 6000 palästinensischen Gefangenen in israelischen Gefängnissen, die in Hungerstreik getreten waren, und verschiedener internationaler Kräfte hatte die palästinensische Autonomieregierung mit vielen Anstrengungen erreicht, dass Israel erstmals einwilligte, nicht nur einzelne, sondern gleich einundneunzig palästinensische Leichenreste von insgesamt rund 500 Leichen aus Palästina, Syrien, dem Libanon und Jordanien freizugeben, und dies gar bevor ihre »Haftzeit« auf den Nummernfriedhöfen abgelaufen war. Vor dem Regierungssitz in Ramallah wurden die Leichenreste, einzeln in palästinensische Fahnen gewickelt, verabschiedet. Dann wurden sie in ihre Dörfer gebracht.

Anîs Chalil und Ramsi Schahin aus Ein Arik waren auf der Liste. Beide waren vor einundzwanzig Jahren bei einer Aktion gegen eine israelische Militärpatrouille auf der Sinai-Halbinsel getötet und auf dem Nummernfriedhof begraben worden. Die Übergabe von Ramsi und Anîs hatte sich um drei Wochen verzögert, weil mit Hilfe einer DNA-

Analyse die Reste der beiden voneinander getrennt werden sollten. Die Leichen waren anscheinend zusammen in einen Sack gelegt worden.

Dem Begräbniszug von Ramallah nach Ein Arik, mit Polizeiwagen und Hunderten von Autos, geschmückt mit Palästinafahnen und Palm- und Olivenzweigen, schlossen sich Tausende von Menschen an. Über Lautsprecher waren abwechselnd christliche und muslimische Gesänge zu hören. Angeführt wurde der Beerdigungszug von mehreren muslimischen und christlichen Geistlichen, darunter Erzbischof Atallah Hanna aus Jerusalem. Nach der gemeinsamen Abschiedsfeier wurde Anîs auf dem muslimischen und Ramsi auf dem christlichen Friedhof beigesetzt. Ramsis Mutter sagte: »Ich bin jetzt sicher, dass er tot ist. Ich bin erleichtert, das zu wissen und ihn hier zu Hause zu haben. Da kann ich ihn auf dem Friedhof besuchen und für ihn beten.« Sie erzählte auch von ihren drei anderen Söhnen: »Ramsis Tragödie lastete wie ein Schatten auf unserem Leben, wir schwankten stets zwischen Hoffnung und Verzweiflung. Obwohl ich wusste, dass er nicht mehr lebt, wollte ich es nicht wahrhaben, weil zur Vollendung des Lebenszyklus die würdige Beisetzung gehört. Ich wartete immer auf das Wunder der Rückkehr. Ich bin dankbar, dass es jetzt so weit ist; nun kann ich mich um die anderen Kinder kümmern.«

15. August

Knapp vier Monate nach der Ernennung von *Thymian und Steine* zum »Buch für die Stadt« in Köln hat man mir vor einigen Tagen mitgeteilt, dass nun noch ein zweites Buch nominiert worden sei: *Ein schönes Attentat* des israelischen Autors Assaf Gavron. Die Sache sei sehr sensibel, hiess es, gerade aufgrund der deutschen Geschichte, und der Druck sei gross. Ich war enttäuscht und verletzt, weil wieder das eingetreten war, was mir seit Jahren passiert. Weil ich Palästinenserin bin, gelte ich nicht als eigenständig und werde nicht normal behandelt.

Ich antwortete dem Chefredakteur des *Kölner Stadt-Anzeigers,* Peter Pauls, in einem ausführlichen Brief. Ich schrieb, ich wolle keinen Wirbel verursachen und niemanden verletzen; die Menschen sollten das schöne Fest bekommen, das sie sich wünschten. Doch es sei wichtig, Dinge auszusprechen, die viele in Deutschland nicht sagen können oder wollen. »Die Auseinandersetzung hilft uns allen, den Deutschen, Israelis und Palästinensern, damit wir uns mit Respekt auf Augenhöhe begegnen und uns alle von den verschiedenen Zwängen befreien, die uns beklemmen oder gefangen halten.«

Die Entscheidung lasse sich nicht rechtfertigen, schrieb ich weiter. »Es war für mich eine wunderschöne Überraschung und eine grosse Ehre, als ich vor vier Monaten von der Jury erfuhr, dass meine Lebensgeschichte gewürdigt werden solle. Es ist zwar meine Geschichte, aber auch die Leidensgeschichte meines Volkes und ein Buch über die Kultur, die Menschen, die Natur, die Liebe zum Leben und die wunderbaren Gedanken und Anstrengungen zum Frieden. Ich bewunderte den Mut, die Entschlossenheit und Korrektheit der Jury, dass sie es geschafft hatte, nur ein – mein – Buch zu wählen. Ich wusste, dass es Personen und Gruppen gab, die die israelische Sache blind und ohne zu differenzieren unterstützten; und ich befürchtete, dass sie, wie bei anderen Gelegenheiten schon, es nicht zulassen würden, dass ich allein die Auszeichnung bekam, wenn schon nicht zu verhindern war, dass ich, eine Palästinenserin, überhaupt ausgezeichnet wurde. Diese Leute wollen nicht, dass Palästinenser menschlich und mit einem guten Gesicht gezeigt werden, das entspricht nicht dem Stereotyp.«

Die Rechtfertigung, man sei einem Druck ausgesetzt gewesen, liess ich nicht gelten. »Aus Angst dem Druck nachzugeben schadet allen und vor allem den Israelis. Denn Angst wird geschürt, damit sie lebendig bleibt. Angst ist eines der mächtigsten Mittel, um Menschen zu beherrschen! Je mehr Sie als Deutsche dem Druck nachgeben, desto mehr fördern Sie Methoden des Druckes und der Erpressung. Sie verlieren dabei Ihre Freiheit, Souveränität und Eigenständigkeit. Sie machen sich schuldig gegenüber den anderen, die ungerecht behandelt werden. Sie tun es, weil Sie aufgrund der Geschichte leicht irritierbar und verletzlich sind.«

Ich wies Peter Pauls ausserdem darauf hin, dass es für mich aufgrund des Boykottaufrufes in meinem Land politisch unkorrekt sei, an einer gemeinsamen Veranstaltung mit einem Israeli teilzunehmen. »Sie planen und beschliessen das, ohne mich zu fragen. Dennoch, ich wage es, durchbreche Barrieren und baue Brücken.«

Die Sache sei auch für Assaf Gavron peinlich, den ich als Person und Autor mit seiner Arbeit und seinen Gedanken schätze, und ich bedauere es, dass er nur als Folge des Drucks zu einer Auszeichnung gekommen sei.

Ich sprach in meinem Brief auch von früheren »Feigenblatt«-Preisen, die ich erhalten hatte. So habe ich die Hermann-Kesten-Medaille des P.E.N.-Zentrums Deutschland für mein zweites Buch mit meiner israelischen Freundin, der Friedensfrau Gila Svirsky, teilen müssen, aus »Rücksicht und Verantwortung gegenüber Israel«. Ich, als einfache Frau, als Individuum, wurde Israel gegenübergestellt!

»Mich mit diesem Thema zu befassen ist Teil meiner Bemühung um Befreiung, Unabhängigkeit und Souveränität. Ohne richtige und tiefgehende Verarbeitung der Geschichte bleibt man in Gefangenschaft. Das Verhältnis zu Israel bleibt nicht-normal, wenn das Unrecht mit der falschen Begründung verschwiegen wird, es geschehe aus Rücksicht und Verantwortung!«

19. August

Heute ging der Ramadan mit dem Iftarfest, dem Fest des Fastenbrechens, zu Ende. Etwas Aussergewöhnliches ist passiert: Die israelischen Behörden verkündeten, jeder Palästinenser dürfe einen Antrag stellen, um aus Anlass des Iftarfestes nach Jerusalem und Israel zu reisen. Über eine Million Palästinenser bekamen die Genehmigung und strömten durch die Strassen, in die Geschäfte und an die Strände in Israel. Viele Israelis beobachteten ängstlich diese Invasion, weil sie in den Palästinensern potentielle Angreifer sahen und nicht normale und friedliche Menschen. Manche Leute blieben vorerst abwartend in ihren Häusern. Am zweiten und erst recht am dritten und vierten Tag wurde es lockerer, und alle genossen das lebhafte und fröhliche Strassenbild. Das Schönste war, dass kein einziges Attentat verübt wurde. Die Menschen wollen leben, Freude haben, sich bewegen können und einfach normal sein. Das war eine wichtige Botschaft für Israelis: Warum sollten die Menschen Widerstand leisten, wenn sie zufrieden sind? Solche Ereignisse fördern den Abbau von Vorurteilen und ebnen den Weg, um Vertrauen zu wagen.

22. August
Ich fuhr nach Jerusalem, um mich mit Gila Svirsky zu treffen, mit der ich in den 1990er Jahren im Jerusalem Link für den Frieden gearbeitet hatte – sie als Leiterin der israelischen Organisation Bat-Shalom und ich als Leiterin des palästinensischen Jerusalem Center for Women. Seit sieben Jahren waren wir nur noch über gelegentliche E-Mails in Verbindung geblieben. Es war ein berührendes Treffen. Beide waren wir zwar etwas älter geworden, doch frisch sind wir geblieben. Ich fragte nach ihren Aktivitäten, hatte ich doch seit einigen Jahren nur wenig gehört. Sie atmete tief durch und sagte: »Ich habe die Friedensarbeit aufgegeben und den Kontakt zu allen Friedensgruppen abgebrochen. Ich glaube nicht, dass wir etwas bewirken können. Ich bin müde und will einfach weg. Nächste Woche verreise ich mit meiner Freundin für fünf Jahre nach Kenia. Wenn ich wiederkomme, sieht es vielleicht etwas anders, erträglicher, aus.« Ich war schockiert: »Wie kannst du einfach so schnell aufgeben? Ich habe Verständnis, wenn jemand sagt, er oder sie kann nicht mehr. Aber daraus muss folgen: Ich will die

Schwächephase überwinden.« Wir hatten eine intensive Diskussion. »Mach eine Pause, ruh dich aus«, sagte ich, »und sicher wird es dir irgendwann bessergehen. Egal wie lange du weggehst, dir wird immer erlaubt sein zurückzukommen. Für uns Palästinenser ist das nicht selbstverständlich. Wir kämpfen, dass wir im Land, in unserer Heimat bleiben dürfen.« Ich erzählte ihr von meinen Aktivitäten. Sie war begeistert und gratulierte mir in einem fort. »Du bist die Glückliche, und ich beneide dich um deine Lebenslust und dein Engagement. Ich wünschte, ich hätte eine solche Aufgabe in Israel.« Ich sagte: »Ja, ich bin glücklich, dass wir trotz allem die Liebe zu den Menschen, zum Land und zum Leben beibehalten und uns verpflichtet fühlen, es zu pflegen. Das ist eine Aufgabe, die uns erfüllt.« Wir wünschten uns gegenseitig alles Gute, fühlten uns gestärkt voneinander und verabschiedeten uns. Doch mein Herz war schwer. Ich wünsche mir, dass Gila ihre Ohnmacht und Resignation überwindet.

1. September

Anlässlich der Einschulung von über vierzig Mädchen hielt ich in der Schmidt-Schule in Jerusalem einen Vortrag für die Eltern. Es war eine farbenfrohe Feier mit Musik- und Gesangsdarbietungen, und mittendrin leuchteten die bunten Schultüten. Ich kam mit dem deutschen Musiklehrer ins Gespräch. Er unterrichtet mit Begeisterung und hatte sich sehr darum bemüht, die Schülerinnen an einem Musikwettbewerb in Deutschland teilnehmen zu lassen. Wie gross war die Enttäuschung, als der Antrag abgelehnt wurde, mit der Begründung, es sei unmöglich, eine palästinensische Schule zum Wettbewerb zuzulassen, wenn sich keine israelische Schule beteilige.

3. September

In Ein Arik fand heute zum ersten Mal das Granatapfelfest statt. Ein Arik ist berühmt für seine Granatäpfel, die im Tal entlang des Quellenlaufs wachsen. Nach der Schule ging ich hin. Im Hof des katholischen Gemeindehauses war alles vorbereitet: Buden, in denen die Bäuerinnen Obst und Gemüse feilboten, Kisten, Körbe und Tische voll mit Zitronen, Weintrauben, Feigen und Granatäpfeln. Die Gäste kamen von überall her; Vertreter des Kulturministeriums, der Dorfrat, Kirche und Moschee sowie der Jugendklub und die Schulen präsentierten sich mit kurzen Reden. Alle waren von der Idee begeistert, den Granatapfel als Symbol für das Fest zu wählen, und freuten sich, weil Kultur und Dorftradition lebendig erhalten werden. Danach gab es Musik und Tanz bis zum Abend.

Ich bin glücklich, dass auch Ein Arik sich für ein eigenes Fest entschieden hat. Es passt zu unserem Renovierungsprojekt. Eine Idee wirkt als Katalysator für die nächste.

12. September

Heute gingen wir in Birzeit ans Maftulfest im Garten des Kirchgemeindehauses und trafen viele Freunde und Bekannte. Mit diesem Anlass soll die palästinensische Esstradition gefördert werden, und im Besonderen Maftul, unser Couscous. Die Ermutigung zur Herstellung, Vermarktung und zum Export von Produkten ist Arbeitsbeschaffung und fördert den Tourismus in ländlichen Gebieten. Im Mittelpunkt des Festes steht ein Wettbewerb: Rund zwanzig Frauen aus Birzeit und den umliegenden Dörfern stellen sich mit ihren Maftulmahlzeiten der Jury, bestehend aus den Küchenchefs von sieben der besten Restaurants. Zwar gab es heute nur drei Gewinnerinnen, doch eigentlich haben alle, auch die rund 400 Gäste, gewonnen, denen Maftul als Abendessen serviert wurde. Der Gewinn des Anlasses fliesst in das Projekt zur Renovierung des alten Dorfteils und in kulturelle Aktivitäten.

4. Oktober

Ich fuhr zur Untersuchung in die Augenklinik nach Jerusalem. Als ich danach durch die Stadt ging, sah ich Hunderte von Polizisten und Soldaten. Ich erschrak und erfuhr, dass dieser Aufmarsch der Parade zionistischer Christen galt, die seit dreissig Jahren von der sogenannten Internationalen Christlichen Botschaft organisiert wird. Begleitet und beschützt von israelischem Militär, marschierten Tausende in den bunten Nationaltrachten verschiedenster Länder der Welt durch die Strassen. Sie winkten mit den Fahnen ihrer Herkunftsländer und trugen Spruchbänder und Plakate, die in verschiedenen Sprachen das israelische Militär lobten und segneten: »Gott segne die Israel Defense Forces IDF« oder »Wir lieben IDF«. Die Parade war für mich ein Schlag ins Gesicht. Ich fühlte mich in meiner Identität und meiner Existenz erschüttert und war zutiefst traurig und wütend.

Tausende Bilder stürzten auf mich ein, und ich fragte mich, was wohl die Muslime denken, mit denen wir seit Jahrhunderten wie Geschwister zusammenleben. Ich versuchte mich mit dem Gedanken zu beruhigen, dass sie bestimmt wissen, wie wir Christen in Palästina denken und wofür wir stehen, denn wir teilen die Einstellung zu Religion und Politik. Ich konnte es kaum fassen, wie viele Menschen mitmarschierten. Sie sahen so ahnungslos, so unwissend aus. Sie sangen und träumten, als wären sie schon auf dem Weg zum Himmel. Einige von ihnen sprach ich an: »Ich bin auch Christin, und wir wollen Gerechtigkeit und Frieden für alle.« Sie waren erstaunt, zu erfahren, dass es palästinensische Christen gibt.

Wie grenze ich mich von diesen sogenannten Christen ab? Würden sie mir zuhören, wenn ich schreie? Sie treten im Namen der Christen auf und befürworten Besetzung, Vertreibung und Landnahme. Ich fühlte mich wehrlos gegen diese Art Christen, gegen die vielen Soldaten und Polizisten und auch die Menschen auf der Strasse, die mich angreifen könnten, weil sie in jedem Christen einen Fanatiker vermuten mussten. Mir war bewusst, wie leicht es ist, Menschen in Sachen Religion zu beeinflussen. Sie anzugreifen, zu beleidigen, zu beschimpfen oder zu verurteilen ist falsch und würde sie noch mehr verhärten. Sie wissen es nicht anders. Es liegt an uns, dass wir sie gewinnen, damit sie für das Recht und für Menschlichkeit und Gerechtigkeit für Israel und Palästina eintreten.

5. Oktober
Bei der gestrigen Parade haben sich palästinensische Christen in kreativer Form zu Wort gemeldet: Sabeel, ein palästinensisches ökumenisches Zentrum für Befreiungstheologie, hat einheimische und internationale Aktivisten mobilisiert, um den christlichen Zionisten »Geschenke« anzubieten. Sie verteilten Tausende von Flugblättern mit Informationen über die Situation in Palästina, 531 Osterkuchen und 531 Ostereier in den Farben der Palästinafahne. Die Zahl 531 symbolisiert die Anzahl der zerstörten palästinensischen Dörfer als Folge der Nakba, der 1948 erlittenen Vertreibung der Palästinenser im Zuge der Gründung Israels.

Die palästinensischen Christen hoffen, mit dem Geschenk einen Zugang zu den Zionisten zu finden, damit eine kritische und produktive Diskussion über die theologischen Interpretationen entstehen kann. Wir sind überzeugt, dass sie niemals das Unrecht befürworten, wenn sie die Chance bekommen, die Sichtweise der Palästinenser kennenzulernen. Wir gehen vom Guten aus. Nur so können wir sie, die so eng missioniert worden sind, gewinnen. Die Hälfte der Bevölkerung in diesem Land wird erniedrigt, ihr wird Unrecht angetan. Das kann niemals Gottes Wille sein, denn Gott ist gerecht.

Die christlichen Zionisten, so lese ich unter anderem in der Dokumentation von Sabeel, sind eine der mächtigsten politischen Kräfte, die die internationale Politik im Hinblick auf Israel und Palästina beeinflussen. Ihr Selbstverständnis basiert auf der apokalyptischen Theologie, die den modernen Staat Israel als Verwirklichung der biblischen Prophezeiung deutet. Sie befürworten und segnen die israelischen Militäraktionen gegen die Palästinenser und die Expansion der Siedlungen in Palästina als Beweis für den Gottesplan, der die zweite Rückkehr von Jesus beschleunigt.

Viele Juden, Israelis und andere, sind sehr beunruhigt vom Glauben der christlichen Zionisten, der prophezeit, dass in der Endzeit die Juden massenhaft zum Christentum bekehrt oder vernichtet würden.

Obwohl der christliche Zionismus durch seine Missionsaktivitäten grosse Verbreitung hat, bleibt er ausserhalb der Doktrin der traditionellsten christlichen Glaubensgemeinschaften. Allerdings hat seine Randtheologie einen bedeutenden Einfluss im politischen Bereich, da seine Lobbygruppen fähig sind, grosse Spenden zu mobilisieren. Sie beeinflussen Wahlkandidaten, speziell in den USA, indem sie die Ansicht verbreiten, dass die Unterstützung Israels gute Wahlergebnisse sichere, während das Eintreten für die Rechte der Palästinenser wenig politisches Kapital mit sich bringe.

Wir palästinensischen Christen werden durch diese Zionisten vor neue Herausforderungen gestellt. Wir müssen uns als Christen gegen Christen wehren und uns behaupten gegen ihre fanatischen Gedanken. Zudem müssen wir noch mehr daran arbeiten, dass unsere muslimischen Schwestern und Brüder sich nicht beirren lassen und ihr Vertrauen in uns nicht erschüttert wird. Christlicher Fanatismus liefert den Grund für Feindseligkeiten und die Gefährdung der palästinensischen Christen und aller Christen. Mehrere zionistische christliche Organisationen haben Zentren in Jerusalem und bieten Touristen, Pilgern, Forschern und Studierenden Programme und Projekte an. Unter der Vorgabe, sie seien die Christen des Heiligen Landes, bieten sie Einführungen in den christlichen Glauben, in Bibel und Evangelium, zu Geschichte und Politik. Es gibt eine wachsende Zahl von Gruppierungen und Organisationen; sie leben seit Jahren in Jerusalem, und die Erlangung von Wohn- und Arbeitsgenehmigungen ist sehr leicht für sie. Es tut weh, zu sehen, dass sie einfach in Jerusalem leben können, während die Palästinenser, Christen und Muslime, aus Jerusalem vertrieben werden. Wir stellen zudem fest, dass verzweifelte, arme einheimische Christen zunehmend von solchen Zionisten angelockt werden. Durch materielle Hilfe oder psychologische Zuwendung klammern sich die Menschen leicht an spirituelle Rettungsanker, die als Wunder gesehen werden. Sie vertrauen blind, und der Wunsch nach Heilung erleichtert die Flucht vor der Realität. Man akzeptiert das, was ist, als Gottes Wille.

Einmal sagte mir ein Mann nach einem Vortrag in Deutschland: »Empfangen Sie doch das Leiden und die Unterdrückung als gottgegeben, damit der Messias kommen kann. Sie sollten glücklich und dankbar sein, weil Gott Sie und Ihr Volk auserwählt hat, um die Heilung zu verwirklichen. Ohne dieses Leiden vollendet sich die Offenbarung Gottes nicht.« Mir wurde schwer ums Herz, und ich empfand tiefen Schmerz. Ich sagte: »Mein Verständnis vom Christentum ist Befreiung vom Leiden. Niemals würde Gott wollen, dass die einen auf Kosten oder anstatt der anderen wachsen und leben.«

6. Oktober

Taybeh ist ein christliches Dorf, das, nur eine halbe Stunde von Birzeit entfernt, in den Bergen an der Grenze zur Wüste Richtung Jericho liegt. In Taybeh befindet sich die erste und einzige Bierbrauerei Palästinas. Munîr und ich sind heute mit Freunden zu ihrem Oktober-Bierfest gefahren. Wir wollten uns einfach amüsieren, mit Tanz- und Gesangsdarbietungen, Bier und Wein und vor allem mit vielen Bekannten und Freunden, die von überall her gekommen waren. Wir blieben fünf Stunden und genossen es.

10. Oktober

Schon längere Zeit hatte ich Probleme mit meinen Augen. Das machte mir Angst, und ich mochte mich nur ungern damit befassen. Als ich mich endlich zu Untersuchungen aufraffte, wurde eine Katarakt, grauer Star, festgestellt. Man riet mir zur Operation. Der Arzt, der mich heute untersuchte, sagte: »Beide Augen müssen operiert werden.« – »Geben Sie mir einfach den Krankenbericht, und ich lasse mich in Deutschland operieren.« – »Warum in Deutschland? Wir machen täglich über fünfzig solche Operationen.« Also willigte ich ein. Er gab mir einen Termin für übermorgen und sagte: »Wir operieren das linke Auge.« Ich versuchte ihm klarzumachen, dass ich links besser sehe als rechts, aber er blieb dabei.

13. Oktober
Als ich gestern mit meinen Röntgenbildern und den Ergebnissen der Blutuntersuchungen in der Klinik ankam, wurde ich an einen Arzt verwiesen, der sich für meine Unterlagen überhaupt nicht interessierte. »Was wollen Sie hier?«, fragte er. »Ich bin für die Kataraktoperation angemeldet.« Er schaute sich meine Augen an. »Welches Auge?«, fragte er. »Doktor Ibrahîm meinte links, ich jedoch denke, es sollte rechts sein.« Er sagte: »Ich denke auch, es sollte rechts sein.« Ich wartete vor dem Operationssaal. In fünfzehn Minuten sei ich dran, sagte die Krankenschwester. Ich wartete zwanzig Minuten, eine halbe Stunde, eine Stunde. Dann gab es plötzlich eine Unruhe, ich hörte Schreie, und ein Arzt rief: »Wir haben Probleme mit der alten Frau Badiea Naser, sie hat Blutungen und starke Schmerzen.« Ich erschrak. »Was, Badiea Naser?«, rief ich. »Das ist die Cousine meines Mannes.« Der Arzt fragte nach meinem Namen. »Ist eigentlich gleich eine ganze Busladung aus Birzeit gekommen?«, fragte er spöttisch, als ich ihm sagte, woher ich kam. Ich war sehr besorgt wegen der einundneunzigjährigen Badiea. Als sie hinausgeschoben wurde, half ich der Krankenschwester, sie zu beruhigen und zuzudecken, denn sie schrie und zitterte. Dann wurde ich aufgerufen, um vom selben Arzt wie Badiea operiert zu werden. Ich war sehr aufgeregt und hatte Angst. An der Tür fragte er mich, worum es bei mir gehe. »Augenoperation.« – »Welches Auge?« – »Ich weiss nicht, Doktor Ibrahîm sagte links, Doktor Husam sagte rechts.« Ich wollte ihm die Untersuchungsergebnisse übergeben, aber er winkte ab, er brauche sie nicht. Er bat mich zu einem Gerät, schaute sich beide Augen an und sagte: »Also rechts«, nahm

einen Kugelschreiber aus der Kitteltasche und machte ein Kreuz über meinem rechten Auge. Im Operationssaal legte ich mich auf den Tisch. Viele Leute waren da, sie redeten wild durcheinander, und ich hörte jemanden sagen: »Haddscha, schieb dich nach oben.« – »Haddscha, kannst du dich auf den Rücken legen?« – »Haddscha, kannst du mich hören?« Da fasste mich jemand am Arm und sagte: »Haddscha, Haddscha, lebst du noch? Warum antwortest du nicht?« Ich war überrascht: »Oh, ihr meint mich mit Haddscha? Warum sagt ihr nicht meinen Namen?« Als Christin bin ich es nicht gewohnt, auf diesen muslimischen Ehrentitel zu reagieren. Meine Besorgnis wuchs. »Mahmud«, rief der Arzt, »hol mir Linse Nummer 23,5. Pass auf, dass du sie nicht verwechselst. Und Riad, du passt auf, dass Mahmud die richtige Linse bringt und sie nicht fallen lässt.« Gelächter. Mein Gott, dachte ich, hoffentlich geht alles gut. Während er sich mit meinem Auge beschäftigte, sah ich plötzlich nichts mehr. Alle redeten ungestört weiter, über Essen, Besuche, Probleme bei der Arbeit, Gehälter und alles Mögliche, während der Arzt operierte. Als ich wieder Licht sah, war ich sehr erleichtert. Es war wie eine Neugeburt. Ich dankte Gott und war froh, die Operation überlebt zu haben. Die Krankenschwester brachte mich in ein Zimmer zum Ausruhen, eine Stunde, sagte sie, dann würde der Arzt zur Kontrolle kommen und mich entlassen. Im Zimmer war auch eine Frau aus Hebron, die sich vom selben Eingriff erholte. Wir warteten mehr als zwei Stunden, dann machten wir uns auf die Suche nach einer Schwester, um nach dem Arzt zu fragen. »Woher kommt ihr denn?«, fragte sie. »Alle Patienten sind nach Hause gegangen und der Arzt auch. Also zieht euch an und geht.« Als ich auf die Strasse hinaustrat, bat ich einen Mann, mich zur Bushaltestelle zu begleiten. Munîrs Antrag, mich in die Klinik nach Jerusalem begleiten zu dürfen, war abgelehnt worden. Der Mann nahm meine Tasche, hielt mich an der Hand und brachte mich zur Haltestelle. Die Leute im Bus waren sehr hilfsbereit, als sie mein verbundenes Auge sahen, boten mir einen Platz an und halfen mir mit der Tasche. Ihre Fürsorge rührte mich sehr. Am Checkpoint stiegen zwei Männer mit mir aus und begleiteten mich durch die Abschrankung zum Taxi, das ich bestellt hatte. Ich bedankte mich herzlich und fuhr nach Hause. Ich nahm mir vor, alles daranzusetzen, die nächste Augenoperation doch in Deutschland machen lassen zu können.

21. Oktober

Mit mehr als zweijähriger Verspätung haben im Westjordanland gestern Kommunalwahlen stattgefunden. In Gaza verweigerte die dort regierende Hamâs den Urnengang, und in Jerusalem untersagt Israel den Palästinensern die Abhaltung von Wahlen. Gewählt wurden Stadt-, Regional- und Dorfräte in 350 Wahlkreisen. Im Stadtrat von Birzeit sichern die Wahlregeln den Christen sechs Sitze zu und den Muslimen fünf; ein Sitz ist für Flüchtlinge von 1948 und zwei Sitze sind für Frauen reserviert. Gestern sind in Birzeit zum ersten Mal vier Frauen in den Stadtrat gewählt worden. Das ist ein Erfolg, der bestimmt auf die Bildungsarbeit, die Frauen in Palästina erfahren, zurückzuführen ist.

In Orten, wo sich die Politiker nicht über Wahllisten oder Kandidaten einigen konnten, fielen die Wahlen aus. In Städten und Dörfern, die historisch mehrheitlich christlich waren, muss der Bürgermeister oder Dorfratsvorsitzende ein Christ sein, selbst wenn die Christen heute in der Minderheit sind. Diese Verordnung hatte der frühere Präsident Jassir Arafat erlassen, um den Christen entgegenzukommen und ihnen Respekt zu zollen. Die komplizierte Regelung ist notwendig, solange das Verständnis von Demokratie noch nicht genügend entwickelt ist. Denn es ist immer noch so, dass die meisten Wähler statt der bestqualifizierten Kandidaten eher diejenigen wählen, die ihrer Familie, Sippe oder Partei angehören. Die Hamâs boykottierte die Wahl, doch kandidierten zahlreiche Unabhängige.

Ein Arik gilt als ein ursprünglich christliches Dorf. Da Muslime heute die Mehrheit bilden, kamen die Verantwortlichen der Wahlliste der Fatah auf die Idee, einen Muslim zum Bürgermeister wählen zu lassen. Daraufhin untersagte Präsident Mahmûd Abbâs die Wahl. Der alte Dorfrat blieb in seiner bisherigen Zusammensetzung im Amt. Man hielt an der Regelung fest, um Streit zu vermeiden und die demokratischen Rechte der christlichen Minderheit zu schützen.

Die Parlaments- und Präsidentschaftswahlen sind seit langem überfällig. Präsident Abbâs ist seit Januar 2009 ohne Mandat der Wähler, die Legislaturperiode des Parlaments lief im Januar 2010 ab. Wir warten auf eine Einigung zwischen Hamâs und Fatah über ein neues Wahlgesetz und die Verteilung der Sitze. Der Weg zur Demokratie ist noch lang und braucht viel Zeit.

24. Oktober

Bei der Nachuntersuchung in der Augenklinik in Jerusalem war alles in Ordnung. Für den Nachmittag hatte ich mich mit meiner israelischen Freundin Hanna verabredet. Wir trafen uns im Paulus-Haus der Schmidt-Schule beim Damaskustor. Dessen Leiterin, Schwester Heidrun, war erfreut über unser Treffen und brachte uns Kaffee, Kuchen und Wasser. Wir hatten uns viel zu erzählen. Hanna war sehr traurig, als ich ihr berichtete, dass Munîr keine Genehmigung bekommen hatte, um mich zur Operation zu begleiten. Sie kennt ihn seit vielen Jahren; sie hatten sich am Telefon oft über unser gemeinsames Interesse an Botanik und an traditioneller Kultur unterhalten. Gesehen haben sie sich noch nie. Sie konnte nicht begreifen, dass man jemandem bei einer Operation eine Begleitperson verweigern konnte, und sagte: »Sumaya, beim nächsten Mal ruf mich an, ich bin jederzeit bereit, dich zu begleiten. Ich kann gut für dich sorgen im Krankenhaus.« – »Hanna, langsam, langsam«, sagte ich, »überleg dir, was du sagst. Du freust dich, mir Hilfe zu leisten, als wäre das das Normalste der Welt. Aber wir leben nicht normal. Du darfst mich nicht in ein arabisches Krankenhaus begleiten. Hast du das vergessen?« – »Mein Gott«, sagte sie, »das habe ich völlig verdrängt. Dabei war es ein so schönes Gefühl, dir meine Hilfe anzubieten.« Wir umarmten uns voller Rührung. Sie begleitete mich zur Busstation und ging allein Richtung Westjerusalem.

28. Oktober

Heute bekam ich einen Brief von Hanna:

»Liebe, liebe Sumaya! Vielen Dank für alle deine positiven Anstrengungen, die du mit so viel Gottvertrauen unternimmst. Der Segen bleibt und verströmt sich, wie bei einem Ackerbauer, der mit viel Sorgfalt die Samen in die Erde legt, zum Himmel schaut und um Regen bittet, damit sie wachsen können und das gesunde Grün hervorspriessen kann.

Sumaya, es geht mir nicht mehr aus dem Kopf, dass du nach deiner Augenoperation alleine mit dem Autobus nach Hause gefahren bist. Das darf auf keinen Fall noch einmal passieren. Das widerspricht jeder ärztlichen Vorschrift in unserem Land. Mir war es bei meiner Operation nicht erlaubt, ohne Begleitung zu erscheinen. Ich schlage vor, dass dies ausdrücklich auf deiner ärztlichen Bescheinigung vermerkt sein muss. Bitte gib mir Bescheid, wenn dein Mann als Begleitperson wieder abgelehnt wird; er ist doch der Mensch, der dir am allernächsten steht auf dieser Erde! Ich gehe dann in das Büro, das solche unmenschlichen Entscheidungen fällt, und werde freundlich mit ihnen sprechen.«

30. Oktober

Seit Tagen lese ich Berichte des UNO-Büros für humanitäre Angelegenheiten in Jerusalem über die Entwicklung in den besetzten Gebieten. Ich lese und lese und fühle mich immer elender. Es ist unfassbar: Das Unrecht ist vielfach dokumentiert, die Berichte werden überallhin verschickt. Warum geht das Unrecht dennoch weiter? Munîr hatte mein ernstes Gesicht und meine Traurigkeit bemerkt. Er sagte: »Lass uns zum Weinberg gehen.« So gingen wir hin und schauten uns die Bäume einen um den anderen an. Welche Freude überkam uns, als wir am Feigenbaum drei schwarze Feigen fanden! Eine weisse Feige von einem anderen Baum krönte die Freude. Wir pflückten sie, stiegen hoch zum Kasr, setzten uns in aller Ruhe auf die Mauer und assen die Früchte. Sie schmeckten köstlich.

Nach zwei Stunden der Entspannung und Ruhe in der Natur kehrten wir heim. Am Abend setzte ich mich hin und fasste die gelesenen UNO-Berichte zusammen, um in den Seminaren mit meinen Gruppen über die politische Situation sprechen zu können.

Die israelische Regierung beschloss im Jahr 2002 den Bau einer Sperrmauer mit dem erklärten Ziel, das unkontrollierte Eindringen von Palästinensern zu verhindern und die eigene Bevölkerung zu schützen. Die Mauer besteht aus elektronisch gesichertem Stahlzaun oder acht bis neun Meter hohen Betonplatten, Stacheldraht, Gräben, Sandstreifen, Patrouillierwegen und Pufferzonen. Die ganze Anlage hat eine Tiefe von durchschnittlich sechzig Metern und steht auf konfisziertem palästinensischem Land. Mittlerweile sind zwei Drittel gebaut, acht Prozent sind im Bau, der Rest ist geplant und beschlossen. Die Mauer wird mit 708 Kilometern mehr als doppelt so lang wie die Grenze von 1967, denn sie verläuft grösstenteils nicht auf der Grünen Linie, sondern im Zickzack bis zu zwanzig Kilometer weiter östlich im Westjordanland. Sie umschliesst 71 der 150 jüdischen

Siedlungen und mehr als 85 Prozent der Siedlerbevölkerung und trennt dadurch 9,4 Prozent des Westjordanlandes und Teile von Ostjerusalem ab. Dabei handelt es sich meist um überdurchschnittlich fruchtbares Land.

In dem zwischen Mauer und Grenze isolierten Gebiet, das »Saumzone« genannt wird, leben 6500 Palästinenser, die sich nur mit einer Spezialbewilligung dort aufhalten dürfen. Bei Vollendung des Mauerbaus wird die Zahl der so isolierten Palästinenser auf 25 000 steigen. In Orten, die von ihrem Land abgetrennt wurden, müssen die Bauern eine »Besuchsgenehmigung« beantragen, um zu ihrem Land zu gelangen. Der Zugang erfolgt über sechsundsechzig vom Militär kontrollierte Eisentore, die stundenweise offen stehen. Ein Teil der Tore wird nur sechs Wochen lang während der Olivenernte geöffnet. Im Jahr 2011 wurden zweiundvierzig Prozent der Zugangsanträge für die Olivenernte mit der Begründung »Sicherheit« oder »ungenügende Verbindung zum Land« abgewiesen. Ein Bauer mag eine Genehmigung bekommen, weil er die Besitzurkunde vorweisen kann, doch bleibt seinen Söhnen, Verwandten oder Arbeitern der Zugang verweigert. Das hat viele Bauern gezwungen, die Landwirtschaft aufzugeben oder vom intensiven Anbau auf saisonale Pflanzungen von niedrigerem Wert umzusteigen.

Der Mauerbau hat Tausende Palästinenser von ihren Arbeitsplätzen oder Dienstleistungen abgeschnitten, besonders im Raum Jerusalem. Israelische Quellen bestätigen, dass sich allein 2011 rund 15 000 Palästinenser heimlich auf die israelische Seite begaben, um Arbeit zu suchen, trotz der Sperranlage. Im Jahr 2004 hielt der Internationale Gerichtshof in Den Haag in einem Gutachten fest, dass die Mauer mit ihrem Verlauf abseits der Grenze und den damit verbundenen massiven Einschränkungen für die Anwohner gegen Israels Verpflichtungen gemäss internationalem Recht verstösst. Der Gerichtshof forderte Israel auf, den Mauerbau zu stoppen und rückgängig zu machen. Israel ignorierte das Urteil.

Zu den bürokratischen Schikanen der Besatzungsmacht zählt der Entzug von Identitätskarten, vor allem im Raum Jerusalem. In UNO-Berichten sind viele Fälle dokumentiert, zum Beispiel folgende Geschichte: Ischrâq ist sechsundfünfzig Jahre alt und wurde in Jerusalem vor der Besetzung von 1967 geboren. Er studierte Medizin in Jordanien und kam den Vorschriften entsprechend jedes Jahr nach Jerusalem zu seiner Familie, um sein Wohnrecht mit der Jerusalemer Identitätskarte nicht zu verlieren. Dann arbeitete er in England, erhielt die britische Staatsbürgerschaft, heiratete eine Palästinenserin und bekam zwei Kinder. Wiederum den Vorschriften entsprechend, besuchte er Jerusalem weiterhin regelmässig und bezahlte die Kosten für die Beibehaltung der Identitätskarte und des Wohnrechts. Ischrâq sagte: »1993 beantragte ich Identitätskarten für meine Söhne, aber mein Antrag wurde abgelehnt. Ich beauftragte einen israelischen Rechtsanwalt, der mich viel kostete, aber keinen Erfolg hatte. Eine Welt brach für uns zusammen, als meine Frau und ich vom Innenministerium benachrichtigt wurden, dass unsere Identitätskarten abgelaufen seien und wir kein Recht mehr hätten, in Jerusalem zu wohnen. Der Grund sei, dass wir inzwischen britische

Pässe erhalten hätten. Sehr viele Israelis haben zwei Pässe, Palästinenser dürfen das nicht. Wir haben ein Haus im Jerusalemer Stadtteil Sheikh Jarrah. Es war uns Flüchtlingen von 1948 von der UNO-Flüchtlingshilfe zugeteilt worden. Nach sechzig Jahren kommen jetzt Siedler und fordern die Wohnhäuser von über vierzig Familien zurück, weil das Land vor 1948 angeblich in jüdischem Besitz war. Viele Familien sind bereits vertrieben worden. Mit den wenigen Übriggebliebenen kommt jetzt meine Familie an die Reihe. Mit gebrochenem Herzen musste ich den schwersten Beschluss meines Lebens fassen: Ich ging mit meiner Frau und den beiden Kindern nach Schottland, um dort zu leben. Mich schmerzt besonders die Tatsache, dass die Israelis uns das Gefühl vermitteln, der Verzicht auf die Identität sei unsere eigene Wahl – dabei wird er erzwungen.«

Auch bei der Registrierung der Kinder legt Israel sehr unterschiedliche Massstäbe an. Kinder israelischer Bürger werden automatisch im Bevölkerungsregister eingetragen und erhalten die israelische Staatsbürgerschaft, auch wenn sie im Ausland geboren wurden. Die Palästinenser in Ostjerusalem haben einen besseren Status mit erheblich grösserer Bewegungsfreiheit als die Palästinenser des Westjordanlandes, aber sie werden nicht als Bürger, sondern als »permanent Wohnende« klassifiziert. Die Registrierung ihrer Kinder ist sehr kompliziert, wenig transparent und zum Teil fast unmöglich. Das gilt besonders für Kinder, die im Ausland, im Westjordanland oder im Gazastreifen geboren sind. Sind beide Elternteile in Jerusalem »permanent Wohnende«, bekommen die Kinder eine Identitätskartennummer meist schon nach der Geburt im Krankenhaus. Dann können die Eltern die offizielle Registrierung beantragen, das Kind wird bei den Eltern registriert und bekommt mit sechzehn Jahren eine israelische Identitätskarte. Ist nur ein Elternteil in Jerusalem registriert, bekommt das Kind nicht automatisch eine Identitätsnummer. Die Eltern können die Registrierung beantragen, wenn sie den Nachweis erbringen, dass sie die letzten zwei Jahre in Jerusalem gelebt haben. Diese Regelungen beruhen auf dem Gesetz zur Einreise nach Israel aus dem Jahr 1974. 2008 wurde eine Verordnung erlassen, wonach alle Anträge auf Eis gelegt werden, wenn Familienmitglieder in Gaza wohnen. Diese Palästinenser müssen wählen: Entweder sie wohnen in Jerusalem, um das Wohnrecht beizubehalten, und trennen sich von ihren Lieben in Gaza, oder sie verlassen Jerusalem für immer, um mit der Familie vereint zu bleiben. Nach einem Gerichtsurteil von 2007 haben Bewohner des Westjordanlandes, die in Jerusalem geboren wurden oder viele Jahre dort lebten, kein Recht mehr auf den Status des »permanent Wohnenden«. Sie alle wurden aufgefordert, beim Militär Anträge einzureichen für eine vorübergehende Erlaubnis, in Ostjerusalem legal wohnen zu dürfen. Sie haben in diesem Fall keinerlei Anspruch auf Bewegungsfreiheit oder soziale Dienstleistungen und sind zugleich von ihren Familien im Westjordanland getrennt. Der Beschluss schreibt vor, dass sie für einen Antrag Belege für die letzten zwanzig Jahre vorlegen müssen: Mietverträge, Steuerquittungen und eine Luftaufnahme ihres Wohnsitzes, die vom israelischen kartographischen Amt bestätigt werden muss. Nach Angaben der israelischen Menschenrechtsorganisation HaMoked lehnten die Behörden im Februar 2011 von 841

Anträgen 364 ab, angenommen wurden nur einunddreissig oder vier Prozent, die übrigen waren in Bearbeitung. Alle, deren Antrag abgelehnt worden war, wurden aufgefordert, Jerusalem sofort zu verlassen und ins Westjordanland zu gehen.

Beim Schreiben erinnerte ich mich an ein Treffen israelischer und palästinensischer Frauen im Jerusalem Center for Women im Jahr 2001. Wir sprachen über den geplanten Mauerbau. Eine israelische Frau sagte: »Ich bin seit einer Woche sehr verwirrt und ärgere mich über meine Naivität. Ich arbeite als Biochemikerin an einem Forschungsprojekt. Wir untersuchen seit fünfzehn Jahren eine Bluterbkrankheit, die bei einer grossen Familie im Jerusalemer Vorort Abu Dis vorkommt. Wir registrieren alle, bei denen der Arzt diese Krankheit feststellt. Dabei bemerkte ich, dass bei Personen, die in derselben Strasse wohnten, zwei unterschiedliche Codes eingetragen wurden. Ich wunderte mich, warum einige den Code für Jerusalem hatten und andere den Code für Abu Dis. Erst jetzt ist mir ein Licht aufgegangen: Die Codes sind schon seit langem dem Verlauf der Mauer entsprechend angelegt worden. Jetzt wird die Mauer mitten durch Abu Dis gebaut und trennt die Familien voneinander. Ich bin entsetzt.«

Ungefähr 200 000 Israelis wohnen inzwischen in Siedlungen, die Israel in Ostjerusalem auf 1967 annektiertem Land gebaut hat. Diese Siedlungen verstossen wie jene im Westjordanland gegen internationales Recht. 2000 Siedler wohnen inmitten palästinensischer Wohnviertel, vor allem in Häusern, die Palästinensern mit verschiedenen Mitteln weggenommen wurden. Zur Anwendung gelangte oft das Gesetz über »Eigentum der Abwesenden«. Demnach wurde der Besitz aller Palästinenser, die im Ausland sind und seit 1948 nicht in ihre Häuser zurückkehren dürfen, dem Amt für Abwesende unterstellt. Diese Siedlungen konzentrieren sich auf christliche und muslimische Viertel der Altstadt sowie die Gebiete Silwan, Sheikh Jarrah, at-Tur, Ölberg, Wadi al-Joz, Ras al-Amud und Jabel Mukaber. Die arabischen Namen werden durch hebräische ersetzt. Auch der Vorort Bait Hanina ist neuerdings Ziel von Siedlungsaktivitäten, wie die israelische Organisation Peace Now festhält, die über den Siedlungsbau genau Buch führt.

Aufgrund von Hauszerstörungen sind 2011 mehr als 1100 Palästinenser umgesiedelt worden, achtzig Prozent mehr als 2010. In Jerusalem laufen 93 000 Menschen Gefahr, vertrieben zu werden, weil sie in Häusern leben, die angeblich ohne Bewilligung gebaut wurden und daher abgebrochen werden sollen. Allerdings erteilen die israelischen Behörden Baubewilligungen nur selten. In Ostjerusalem sind bloss dreizehn Prozent der beschlagnahmten und annektierten Fläche für die Palästinenser bestimmt, ein Gebiet, das schon völlig verbaut ist. Demgegenüber sind fünfunddreissig Prozent israelischen Siedlungen vorbehalten. In Jerusalem machen die gegenwärtig rund 284 000 Palästinenser sechsunddreissig Prozent der Wohnbevölkerung aus – ein Anteil, den die israelischen Behörden offensichtlich senken möchten.

7. November

Rund um die Aktion »Ein Buch für die Stadt« finden im Raum Köln zahlreiche Lesungen und Diskussionen statt. Das Interesse ist sehr gross, überall volle Säle, manchmal mussten sogar Leute weggeschickt werden.

Die Kölner Bürgermeisterin Elfi Scho-Antwerpes lud Assaf Gavron und mich zu einer Feierlichkeit ins Rathaus ein, damit wir uns ins Goldene Buch der Stadt eintragen. Es war nicht vorgesehen, dass ich eine Rede halte. Aber nachdem die Bürgermeisterin gesprochen hatte, bat ich um das Wort. Ich sagte: »Beim Zuhören zuckte ich dreimal zusammen, und wenn das passiert, fühle ich mich verpflichtet zu reagieren. Zum ersten Mal zuckte ich zusammen, als Sie sagten, Sie träten für die Anerkennung des Existenzrechts Israels ein. Ich wünschte, das gälte auch für Palästina. Zweitens: Sie sind für Frieden und Sicherheit für Israel und für das Selbstbestimmungsrecht der Palästinenser. Ich wünschte mir zu hören: Sicherheit und Frieden für Israel und für Palästina. Niemals könnte Israel Sicherheit und Frieden haben, ohne dass auch Sicherheit und Frieden für Palästina gesichert sind. Und warum nur ein Selbstbestimmungsrecht für die Palästinenser? Warum müssen wir immer noch für das Recht auf einen Staat kämpfen? Es müsste selbstverständlich sein. Drittens: Sie sprachen vom ›jüdischen‹ Staat Israel. Wissen Sie überhaupt, was das bedeutet? In Israel selbst sind sich viele nicht einig, wie ein jüdischer Staat definiert werden soll. Manche meinen damit einen Staat, in dem höchstens zwanzig Prozent der Menschen Nichtjuden sind. Andere finden, dies sei zu viel, und sprechen von zehn Prozent oder drei Prozent, und die an der Regierung beteiligte

Partei Israel Beitenu von Avigdor Lieberman versteht den jüdischen Staat als einen Staat mit keinem einzigen Prozent Nichtjuden. Das bedeutet, Nichtjuden hätten keinen Platz im Land. Die Anerkennung Israels als jüdischer Staat mit solchen Definitionen bedeutet, dass die Vertreibung der Palästinenser für die Verwirklichung des jüdischen Staates Israel notwendig würde. Bejahung und Förderung des Unrechts würden zur Verpflichtung werden. Die Verantwortung gegenüber Israel darf niemals die Gefährdung der Existenz des Staates Palästina und des Lebens der Palästinenser bedeuten.«

Stille herrschte im Raum. Ich war erleichtert, das gesagt zu haben, was ich für nötig hielt, und freute mich, als manche Zuhörer meine Bemerkungen für wichtig und gut hielten.

23. November

Heute habe ich mich in Bern am Begleitprogramm der Ausstellung über die Nakba beteiligt. *Nakba* ist das arabische Wort für die Katastrophe, die Palästina und seine Bevölkerung 1948 heimsuchte. Mehr als die Hälfte der Palästinenser, etwa 750 000 Menschen, wurden vertrieben oder mussten vor dem Krieg, vor Massakern und anderen Verbrechen fliehen. Über 400 Dörfer wurden dem Erdboden gleichgemacht, und an ihrer Stelle entstanden später neue Wohnorte für die jüdische Bevölkerung. Wegen der Gründung des Staates Israel in Palästina wurden die Palästinenser heimatlos. Mehr als vier Millionen leben heute als Flüchtlinge in anderen Ländern. Sie durften nie in ihre Häuser zurückkehren. War das nicht eine Katastrophe?

Die Ausstellung dient dem Erinnern an diese Geschichte und an das Schicksal einzelner Familien und soll die Wurzeln des Nahostkonflikts bewusst machen. Für die betroffenen Palästinenser ist das Erinnern und Aussprechen des Unrechts eine Notwendigkeit, um ihr Leiden zu verkraften und zu verarbeiten. Vergessen erdrückt, Erinnern und Verarbeiten befreit. Dürfen Palästinenser sich nicht erinnern? Israel verbietet seinen palästinensischen Bürgern, das Wort *nakba* zu verwenden. Das Rückkehrrecht für Juden ist unantastbar, aber Palästinenser dürfen ihr Rückkehrrecht nicht thematisieren. Im Schulplan für palästinensische Bürger wird die palästinensische Geschichte kaum angesprochen. Die Ausstellung führt einem die Notwendigkeit einer politischen Lösung des Nahostkonflikts vor Augen. Sie tut dies aus der Sicht der Palästinenser, es ist Geschichtsschreibung der anderen Seite.

Die Ausstellung wurde auch in Deutschland gezeigt. Dort löste sie Proteste aus und stiess auf Ablehnung, so dass sie an manchen Orten verboten wurde. Es kamen Ängste auf, Kritik an Israel könnte den Antisemitismus fördern. Vorauseilender Gehorsam blockierte eine freie und vernünftige Auseinandersetzung. Es ist bequemer, an vorgefassten Bildern von der Nahostproblematik festzuhalten, als das eigene Wissen zu hinterfragen.

In Bern war das Interesse gross, die Gespräche und Diskussionen verliefen gelassener und weniger befangen. Es gab aber ebenfalls Kritik, und einer der Organisatoren der Ausstellung wurde von einer Journalistin persönlich angegriffen. Das Gute aber war, dass die Medien ihm die Möglichkeit gaben, zu den Vorwürfen Stellung zu nehmen. So öffnete die gelebte Freiheit der Meinungsäusserung den Weg für eine bessere Aufklärung über Sinn und Zweck der Ausstellung, die dem Frieden und der Versöhnung dienen sollte.

24. November

Wieder einmal hat sich der Konflikt zwischen Israel und der Hamâs im Gazastreifen zum Krieg ausgeweitet. Eigentlich herrschte seit dem Ende des letzten Krieges im Januar 2009 eine Waffenruhe. Doch radikale Gruppen in Gaza, die von Hamâs-Sicherheitskräften nur schwer zu kontrollieren sind, feuerten immer wieder Raketen nach Israel. Dort wurde im Vorfeld der Wahlen der Ruf nach Härte und Vergeltung lauter, und das Sicherheitskabinett der Regierung beschloss, gegen die Hamâs militärisch vorzugehen. Ausgelöst wurde der Krieg am 14. November durch einen Mord: Der oberste Befehlshaber der Hamâs-Sicherheitskräfte, Ahmad Dschabari, wurde durch eine Bombe getötet, die ein israelischer Militärhelikopter auf sein Haus warf. Die Hamâs reagierte mit heftigem Raketenbeschuss. Zum ersten Mal erreichten Raketen Tel Aviv, und eine wurde sogar auf Jerusalem gefeuert; fünf Israelis wurden bei den Angriffen getötet. Das löste in Israel und der Welt Alarm aus, die USA und Europa intervenierten sofort, um die Eskalation zu stoppen und Israel zu schützen. Dass es in Gaza durch israelischen Beschuss über hundert Tote gab, schien weniger ins Gewicht zu fallen. So wurde ein Einmarsch israelischer Bodentruppen in Gaza verhindert und nach sieben Tagen Krieg eine Waffenruhe erreicht. Mehr als 1500 Raketen waren nach Israel gefeuert worden, und die israelische Armee erklärte, sie habe mit der Luftwaffe 1500 Ziele angegriffen.

Beide Seiten fühlen sich als Sieger. Eigentlich gewinnt niemand, wenn Krieg ist. Beide verlieren, mit dem Unterschied, dass die eine Seite mehr verliert als die andere. Israel musste endlich mit Hamâs verhandeln, wenn auch über Ägypten, Europa und die USA, und erhielt amerikanische Zusicherungen für weitere finanzielle und militärische Unterstützung. Die Hamâs erreichte eine Lockerung der israelischen Blockade des Gazastreifens und erhielt finanzielle Hilfe von arabischen Ländern. Ägypten unter Präsident Muhammad Mursi spielte bei der Vermittlung der Waffenruhe eine zentrale Rolle und verpflichtete sich, für die Sicherheit der Grenze zu Gaza zu sorgen und den Waffenschmuggel durch Tunnels zu verhindern. Es hat sich gezeigt: Wenn die Mächtigen wollen, können sie einen Krieg verhindern oder stoppen. Aber warum müssen erst viele Menschen getötet werden, bis eine Intervention für nötig gehalten wird?

29. November

Heute vor fünfundsechzig Jahren verabschiedete die UNO die Resolution 181, die mit einem Teilungsplan die Schaffung zweier Staaten vorsah, eines jüdischen und eines arabischen. Auf diesem Beschluss beruht die Gründung des Staates Israel. Heute hat die UNO-Generalversammlung Palästina auf dem Boden der 1967 besetzten Gebiete anerkannt – als Staat mit Beobachterstatus bei der UNO. Bereits am 15. November 1988 hatte das palästinensische Exilparlament in Algier die Gründung des Staates Palästina in den besetzten Gebieten verkündet. Damit hatte die Palästinensische Befreiungsorganisation PLO als Vertreterin der Palästinenser zum ersten Mal Israel in den Grenzen von 1967 formal akzeptiert. Daraufhin erkannten etwa hundert Länder den Staat Palästina an. Doch erst heute, nachdem 138 der 193 UNO-Mitgliedstaaten dem Beobachterstatus zugestimmt haben, existiert der Staat Palästina auf palästinensischem Boden. Nur neun Staaten stimmten dagegen, unter ihnen Israel und die USA. Einundvierzig enthielten sich, unter ihnen Deutschland. Zu den Befürwortern zählten auch die Schweiz und Österreich.

Mit grossem Jubel und überwältigender Freude haben die Palästinenser das Ereignis bis tief in die Nacht gefeiert. Es ist ein historischer Schritt und ein psychologischer Gewinn, der Hoffnungen weckt, auch wenn sich an der Realität der israelischen Besatzungspolitik wenig ändern dürfte. Ein Ende der Besetzung, Fragen der Grenzziehung, der Status Jerusalems, das Los der Flüchtlinge – die Voraussetzungen zur Schaffung eines dauerhaften Friedens müssen alle noch ausgehandelt werden.

5. Dezember

Ein Gymnasium im niedersächsischen Garbsen hatte erfahren, dass ganz in der Nähe, in Barsinghausen, eine Veranstaltung mit mir geplant war, und lud mich zu einem Workshop und einem Seminar mit den Schülern ein. Dieses

Gymnasium hatte mich bereits im Frühjahr eingeladen, aber die Veranstaltung kurzfristig abgesagt. Anscheinend hatte man Angst bekommen, dass eine Kontroverse entstehen könnte, weil ich Palästinenserin bin. Manche Lehrer hatten diese Absage nicht akzeptieren können; sie wehrten sich gegen einen solchen vorauseilenden Gehorsam. Die Veranstaltung, die nun sechs Monate später doch noch stattfand, war bewegend und motivierend, und die Lehrer sind ein Beispiel für engagiertes Wirken und für die Entschlossenheit, sich nicht der Angst zu beugen.

2013

3. Januar

Nach der UNO-Anerkennung von Palästina als Staat hat Präsident Mahmûd Abbâs heute eine Verordnung erlassen, wonach die Bezeichnung »Palästinensische Autonomiebehörde«, die 1993 im ersten Oslo-Abkommen mit Israel für eine fünfjährige Übergangszeit eingeführt wurde, ab sofort durch die Bezeichnung »Staat Palästina« ersetzt wird.

Offizielle Dokumente, Stempel, Signaturen, Briefköpfe, Logos und Anschriften palästinensischer Behörden und Institutionen sollen die Bezeichnung »Staat Palästina« tragen. Rechtlich gelten nun die Bezeichnungen »Staat Palästina«, »Palästina« oder »Besetzter Staat Palästina«. Die Bezeichnungen »Palästinensische Autonomiebehörde«, »Besetzte Gebiete« und »Besetzte palästinensische Gebiete« sind ab sofort rechtsungültig. Die unter israelischer Besatzung lebenden Palästinenser werden stolz den Pass des Staates Palästina tragen.

Die Staaten, die für die UNO-Resolution stimmten, werten den Status der palästinensischen Vertretungen in ihren Ländern zunehmend zu Botschaften auf und deren Leiter zu Botschaftern. Der Abschluss bilateraler Abkommen über staatliche Zusammenarbeit in den Bereichen Wirtschaft, Wissenschaft, Medizin, Forschung und Kultur ist nun möglich. Das erleichtert den Palästinensern den Zugang zu Studium, Weiterbildung und Entwicklung. Als Staat kann Palästina beim Internationalen Strafgerichtshof in Den Haag Klage gegen Israel wegen dessen Kriegsverbrechen am palästinensischen Volk einreichen. Diese Möglichkeit bildete einen sehr kritischen Punkt in der internationalen Diskussion um die Anerkennung des Staates. Europäische Länder hatten vergeblich versucht, eine Garantie vom Präsidenten Palästinas zu bekommen, dass auf solche Klagen verzichtet werde.

Vertreter deutscher und anderer europäischer Organisationen und Stiftungen, die in Palästina tätig sind, haben zur Aufwertung Palästinas beigetragen. Sie erkannten die Notwendigkeit, sich auch politisch zu äussern und Stellung zu nehmen, was früher als Einmischung in die Politik abgelehnt wurde. Ihre Meinung hat sich positiv ausgewirkt auf die Position, die zum Beispiel Deutschland mit seiner Stimmenthaltung einnahm; bisher hatte die Regierung in Berlin immer gegen propalästinensische Resolutionen gestimmt. Auch um Israel und Palästina besorgte Persönlichkeiten, unter ihnen israelische wie der Friedensaktivist und Musiker Daniel Barenboim, haben ihren Einfluss geltend gemacht. Das sind Zeichen, die uns Hoffnung machen. Sie zeigen, dass jeder, der den Mut aufbringt, Stellung zu beziehen, zu einer positiven Veränderung beitragen kann.

11. Januar

Heute besuchten Munîr und ich die Familie Khoury in Birzeit. Der Ururenkel meiner Grosstante, der Schwester meiner Grossmutter Salma, ist, einunddreissigjährig, nach neun Jahren Haft nach Hause zurückgekehrt. Er war als Mitglied einer Widerstandsgruppe verurteilt worden. Neun Jahre sind eine sehr hohe Strafe, war er doch weder an einer militärischen Aktion noch an einer anderen Gewalttat beteiligt.

Vor zwei Tagen ist Saba aus dem Gefängnis in der Wüste Negev entlassen worden. Seine Mutter und seine Schwestern holten ihn an der Grenze zu Hebron ab, trotz Kälte und Schnee, die die Strassen nur schwer befahrbar machten. In Birzeit erwarteten ihn Hunderte von Menschen. Die Glocken der drei Kirchen begannen zu läuten, und der Muezzin liess aus der Moschee Dankesgebete erklingen. Junge Männer trugen ihn auf ihren Händen durch den Regen hinauf zu seinem Haus am Hang. Singend und trillernd folgten die Menschen. Es gab berührende Begegnungen mit der Familie und Freunden. Die Mutter weinte vor Freude. Wir umarmten sie und zeigten ihr unsere Bewunderung darüber, wie sie dies so viele Jahre hatte ertragen können. Sie sagte: »Ich habe Kraft geschöpft aus meinem tiefen Leiden. Ich nahm mir vor, mich aus dem Trauern zu befreien, indem ich auf die Stunde der Freude warte, um für meinen Sohn da zu sein, wenn er entlassen wird. Mein Mann ist kurz nach seiner Verhaftung gestorben und der ältere Bruder vierzig Tage später an Nierenversagen. Ich betete jeden Tag um die Kraft zum Durchhalten. Jetzt braucht er eine Ausbildung, dann muss er eine Arbeit finden, und später soll er eine Familie gründen. Mein Sohn ist ein Freiheitskämpfer. Er hat niemandem Schaden zugefügt. Die Israelis nennen ihn wie Tausende anderer Palästinenser einen ›Terroristen‹. Ich hoffe, die Lage ändert sich, damit wir uns als Menschen mit gleichen Rechten verstehen. Ich weiss, dass wir alle nur ein normales, würdiges Leben wollen.« Ich fragte auch Saba, wie er durchgehalten habe, und er antwortete: »Tausende Männer sitzen im Gefängnis, manche seit mehr als zwanzig Jahren, manche sind zu lebenslänglicher Haft verurteilt. Mein Ziel war es, die Zeit zu nutzen, um Sprachen zu lernen, mich zu bilden und gut gerüstet aus dem Gefängnis zu kommen. Ich besuchte alle Kurse, die den Gefangenen angeboten wurden. Viele von ihnen sind gebildet und haben grossartige Qualifikationen. Ich dachte immerzu an meine Mutter und wollte durch mein Durchhalten ihre Hoffnung auf Freiheit und Zusammensein stärken. Jetzt bin ich glücklich. Ich muss mich einleben, orientieren und meinen Weg finden. Ich muss einen Beruf erlernen, um so schnell wie möglich meine Mutter zu entlasten. Sie hat so viele Jahre bei sich zu Hause Kinder betreut, um das tägliche Brot zu verdienen. Sie hat niemanden ausser mir. Ich liebe meine Mutter, ich will, dass unsere Tage voller Freude werden.«

15. Januar

Ajûb, der mit Leib und Seele bei der Renovierung in Ein Arik mitarbeitete, hat mehrere Zweige des alten Feigenbaums nach Hause genommen. Fünf davon brachten Wurzeln und Blätter hervor. Heute pflanzte er zusammen mit Issa, dem Baumeister, einen der Feigenzweige in den Garten neben dem Haus. Er freute sich sehr, dass er es war, der den Feigenbaum nahe der ursprünglichen Stelle wieder wachsen lässt.

16. Januar

Zwei Schwestern aus einem Dorf nahe Bethlehem, ehemalige Schülerinnen von Talitha Kumi, die meine Seminare besucht hatten, riefen mich an und baten um ein dringendes Treffen. Ich liess alles liegen und fuhr sofort nach Bethlehem. Beide waren vor drei Jahren zwangsverheiratet worden. Wir trafen uns vor der Geburtskirche und gingen ins Friedenszentrum nebenan. Sie schütteten mir ihr Herz aus und berichteten über die Qualen mit ihren Männern und der Familie. Wir rückten auf der Bank nahe zusammen, hielten uns an den Händen, umarmten uns, und die Tränen liefen uns über die Wangen. Die eine hat eine Scheidung erreicht und will nun ihr Studium zu Ende machen. Ihr fehlt jedoch das Geld für die Gebühren. Die andere würde am liebsten schon heute nicht mehr nach Hause gehen. Ihre Verzweiflung ist gross, aber sie sagt: »Ich muss mindestens ein Jahr warten, denn meine Schwester ist gerade geschieden worden, das wäre zu viel Schande für unsere Familie. Meine grösste Sorge ist es, eine Schwangerschaft zu vermeiden. Das ahnt mein Mann, und oft werde ich geschlagen. Meine Mutter redet mir zu, ich solle es erdulden, denn vielen Frauen gehe es noch schlimmer. Das ist für mich kein Trost, und ich beginne meiner Mutter aus dem Weg zu gehen. Ich will sie nicht hassen, ich kann es nicht, sie verdient es nicht, denn auch ihr geht es schlecht. Aber was kann ich tun? Mein Mann hat kaum Arbeit, und die Miete hat er seit drei Monaten nicht bezahlen können. Ich fürchte, wir werden gezwungen, wieder bei seinen Eltern zu wohnen. Aber ich habe grosse Angst vor der Schwiegermutter, die mir das Leben zur Hölle gemacht hatte, was uns bewogen hatte auszuziehen.«

Wir besprachen Möglichkeiten der Hilfe, um mindestens einen Job für den Mann zu finden und die Studiengebühren zu decken. Ich nahm mir vor, mich hierfür einzusetzen, und ich weiss aus Erfahrung, dass in der grössten Not, wenn sich alle Türen schliessen, sich irgendwo ein Fenster öffnet. Das sagte ich auch den beiden Frauen.

Vor der Geburtskirche stand noch der grosse geschmückte Weihnachtsbaum, denn am 7. Januar sind die orthodoxen Weihnachten und am 18. Januar das Weihnachtsfest der Armenier. Ich wollte in der Geburtskirche gesegnete Kerzen für meine Enkelkinder holen. Die Frauen fragten, ob sie mitkommen dürften, denn sie waren, als Musliminnen, noch nie in der Kirche gewesen. »Es ist mir eine Freude«, sagte ich. Sie waren sehr interessiert und schauten alles voller Achtung und Ehrfurcht an. Ich hörte sie murmeln, als ob sie beteten oder um Hilfe flehten. Ich sagte: »Wenn alle Wege verschlossen scheinen, kann man Trost finden im Gebet. Wer daran glaubt, empfindet Erleichterung. Und wenn man Gott um Hilfe gebeten hat und das Gefühl bekommt, es geschehe nichts, dann kann man sich ja an Sittna Mirjam, Im Issa, die Mutter Jesu, wenden.« Sie lachten. »Du nennst sie Im Issa?« – »Ja. Sie ist eine Heilige, aber sie würde gern als Mutter, als Schwester oder als Freundin angesprochen werden. Wir nennen sie Sittna, Grossmutter. Wie ich mit dem Glauben und mit den Heiligen umgehe, ist meine Sache, mein Geheimnis. Hauptsache, ich fühle mich wohl dabei.« Sie sagten: »Sittna Mirjam ist auch unsere Heilige, die Mutter des Propheten Issa.« Ich erzählte ihnen von den Christen um Bethlehem, die sich mit Maria, der Mutter Jesu, besonders verbunden fühlen. Sie glauben, dass sie sie auf ihren Wegen begleitet, und sie spüren ihren Segen. Zu Weihnachten pflegen die Menschen nicht nur »Jedes Jahr kommt wieder, und alle sind wohlauf« oder »Frohe Weihnachten« zu sagen, sondern sie bekunden ihre Freude mit »Gott sei Dank, dass Maria die Geburt gesund überstanden hat«. Ein Glückwunsch, den man auch bei jeder Geburt einer Frau zuspricht. Maria wird von den Einwohnern Bethlehems als eine der Ihren betrachtet. Selbst das Olivenöl aus der Gegend von Bethlehem ist meist zwanzig bis dreissig Prozent teurer als die Öle aus anderen Gegenden Palästinas, weil man sagt, es sei von Maria gesegnet. »Das stimmt«, sagten die beiden, »auch wir glauben, dass das Öl von Sittna Mirjam gesegnet ist.«

18. Januar

Mein Cousin Suhil ist mit seinen Söhnen Jakub und Elias und den Enkelkindern Ethan und Nathan aus den USA zu Besuch gekommen. Sie wollten von Jerusalem aus nach Ein Arik zum renovierten Haus. Früh am Morgen holte ich sie am Checkpoint Kalandia ab, und wir fuhren erst nach Ramallah. Unterwegs bewunderten sie die Landschaft, in Ramallah gefiel ihnen das lebendige Strassenbild mit den vielen Menschen. Suhil, der nach über zwanzig Jahren zum ersten Mal wieder im Land war, drängte darauf, seinen Kindern und Enkelkindern erst Falafeln und dann Abu Skandars Schwarma-Brottaschen, gefüllt mit Salat und Fleisch, anzubieten. Dann assen wir Rukab-Eis, das er noch aus seiner Kindheit kannte. Er sprach die Leute an und genoss ihre Sprüche und Bemerkungen. Danach fuhren wir nach Ein Arik zum Haus von Suhils Grosseltern, das vor fünfzig Jahren verlassen worden war. Sie staunten, als wir durch den Torbogen in den Hof gelangten und vor dem renovierten

Haus standen. Sie konnten es nicht fassen, denn ich hatte Suhil Fotos von der Ruine vor der Renovierung geschickt. Er küsste die Wand am Eingang, umarmte mich und weinte vor Rührung. Munîr, der sich uns angeschlossen hatte und das Haus auch zum ersten Mal sah, küsste mich auf die Stirn und sagte: »Ich gratuliere dir, ich bin stolz auf dich. Nie habe ich geglaubt, dass es so schön und originalgetreu gelingen würde.« Wir betraten das Haus. Die Decke mit ihren Bögen wirkte wie ein Kunstwerk. Munîr schöpfte aus seiner grossen Kenntnis der Kulturgeschichte und erklärte allen die Bedeutung der Einzelheiten in der Baustruktur, so wie bei einer Museumsführung. Er freute sich über die Nischen in den Wänden, die verschiedenen Zwecken gedient hatten; so wurde in einer versteckten Nische an der engen Treppe, die das Untergeschoss mit dem Obergeschoss verbindet, das Gewehr versteckt, um schnellen Zugriff zu haben, falls Diebe das Haus überfielen. Die breite Fensterbank lud zum Sitzen ein, und alle zeigten ihre Bewunderung und machten sich gegenseitig auf dieses und jenes schöne Detail aufmerksam. Issa, der Baumeister, war stolz, weil das Haus allen gefiel. Er sagte: »Ihr seid heute unsere Gäste. Mirwat, meine Frau, hat das Abendessen bereitet.« Auch seine Eltern, die Eltern von Priester Asis, die Kinder, der Dorfratsvorsitzende und einige andere Leute aus dem Dorf waren eingeladen. Auch Ghâda und Marschûd mit ihren Kindern Rina, Dara und Salim kamen dazu. Inzwischen war es dunkel geworden, doch die Laternen am Eisenzaun rund um das Haus, an der Hausmauer und an Küche und Toilette leuchteten. Wir überblickten das Tal und die gegenüberliegenden Berge. Mehr als vierzig Personen waren wir; wir assen Maklubeh, ein Gericht aus Fleisch, Reis, Blumenkohl und Auberginen, danach gab es Kaffee und Tee. Es war köstlich. Munîr ergriff das Wort, dankte allen, die am Projekt beteiligt gewesen waren, und dem Dorfrat für seine Unterstützung. Andere Dankesworte folgten. Es war ein wunderschönes Beisammensein.

19. Januar
Schon sehr früh kamen Suhil und die Kinder wieder von Jerusalem nach Ein Arik. Sie fotografierten das ganze Dorf, den alten Kern mit den Kirchen, die Ölpresse, die Geschäfte und das Tal, wo Bewässerungsfeldwirtschaft betrieben wird. Sie fühlten sich wie im Paradies, auch wenn die Verhältnisse so einfach waren oder vielleicht gerade deswegen. Sie schmiegten sich immer wieder an die Wände und den Boden. Die Kinder kletterten am Felsen vor dem Haus hinauf zum Dach.

Am Abend lud Munîr alle ins Restaurant Fallaha ein, das von einem Angehörigen der Familie Mubajid betrieben wird. Zum ersten Mal begegneten sich hier Verwandte. Suhils Familie wollte unbedingt eine Nacht im eigenen Haus im Dorf verbringen. Aber es ist nachts kalt und das Haus noch nicht zum Übernachten eingerichtet. Sie fuhren zurück ins Hotel nach Jerusalem, aber im Sommer wollten sie wiederkommen, nicht nur für eine Woche, sondern für einen Monat, und dann würden sie im Dorf wohnen wollen!

20. Januar

Im Seminar in Dair Ibsî erzählte ich der Frauengruppe Lamas Erfolgsgeschichte:

Lama ist eine zierliche, liebe Frau aus Birzeit; sie hat vier Kinder. Der Mann ist an Krebs erkrankt und kann kaum arbeiten. Eine Freundin unserer Arbeit aus München spendete das Schulgeld für eines der Kinder. Das motivierte Lama; sie kommt seit zwei Jahren zu jedem Treffen. Sie suchte dringend Arbeit, im Haushalt oder in einem Geschäft, egal was, sagte sie, Hauptsache Arbeit. Aber leider fand sie nichts Passendes. In unserer Frauengruppe wurde sie ermutigt, einen neunmonatigen Sekretariatskurs zu besuchen. Zunächst traute sie sich nicht, doch mehrere Frauen in der Gruppe haben ihr zugeredet und Beispiele genannt von Frauen, die es trotz Haushalt und Kindern geschafft hatten. So beschloss sie, es zu wagen. Mehrere Frauen kümmerten sich auf diskrete Weise um Fahrspesen und Kursgebühren. Die Hilfe kam von anonymen Spenderinnen im Freundeskreis. Es ist dies eines unserer Ziele: lernen, füreinander da zu sein und andere zu ermutigen, denn das fördert das Selbstwertgefühl. Immer wieder haben wir in der Gruppe eine Aufgabe, die ansporn und zu aktiver Beteiligung herausfordert. Unser Motto: »Gib mir eine Chance zum Mitwirken und Aktivsein.«

Heute arbeitet Lama als Sekretärin bei der Frauenorganisation in Birzeit. Sie sagte: »Als ich zum Interview ging, habe ich mich, wie ich es im Seminar gelernt hatte, vorbereitet. Ich dachte an die Leitwörter: Nicht klagen, sich nicht beweinen und nicht den Kummer ansprechen, sondern die Kraft zeigen, die in mir steckt, meine Motivation spüren lassen und meine Bereitschaft zu arbeiten, nicht nur um Geld zu verdienen, sondern weil ich eine Aufgabe haben und mich entwickeln möchte, so dass ich noch viel mehr geben kann. Natürlich möchte ich meine Familie unterstützen und meinem Mann beistehen. Ich will selbständig sein, zumal mein Mann krank ist. Wir brauchen das Geld, weil meine Kinder das Recht auf Ernährung, Erziehung und auf ein Leben in Würde haben. Ich sagte auch, dass mir sehr bewusst sei, wie wichtig Frauenarbeit sei, und dass ich in der Frauengruppe viel gelernt hätte. Ich kenne die Sorgen und Wünsche der Frauen, und ich könne Frauen motivieren. Ich habe ein fröhliches Gesicht behalten und meinen Kopf hoch getragen, so wie wir es gelernt haben. Ich merkte, wie alle mich anschauten und zuhörten, und ich spürte, ich hatte es gut gemacht. Nach zehn Minuten Wartezeit wurde ich wieder hineingerufen, und man teilte mir mit, dass ich die Stelle habe. Ich habe geweint vor Freude.«

24. Januar

Vorgestern bin ich nach Jerusalem gefahren, um Suhil und die Kinder nach Ramallah zu begleiten. Nathan war erkrankt und hatte Fieber. Die Hotelangestellte verwies uns an die Klinik um die Ecke. Doch die Frau am Empfang sagte, diese sei nur für Bewohner von Jerusalem und sie könne uns nicht zulassen. »Das ist das Kind eines Touristen, es braucht Hilfe«, sagte ich. Sie wandte sich an den Arzt, der das Kind sofort zur Untersuchung bat. Er verschrieb ihm die nötigen Medikamente und sagte: »Ihr seid Gäste, herzlich willkommen in eurer Heimat. Ihr braucht nichts zu bezahlen.« Suhil blieb bei seinem Sohn, während ich die anderen nach Bethlehem zur Geburtskirche begleitete. Als Touristen hätten sie den direkten Bus mit zwanzig Minuten Fahrzeit benutzen können. Mein Weg dauert eine Stunde. Sie kamen mit mir und konnten so erfahren, was es bedeutet, durch den Checkpoint nach Bethlehem zu gelangen. Zum Glück liess man mich mit meinem künstlichen Knie ohne Probleme durchgehen.

Am Nachmittag ging es dem Kind etwas besser, und wir planten, mit dem Bus nach Ramallah zu fahren. Auf dem Weg erzählte Suhil von seiner Tante, die in der Altstadt von Jerusalem wohnt: »Ich habe sie seit zwanzig Jahren nicht gesehen, ich weiss nicht, wie ich sie finden kann.« Ich versprach, mich nach ihr zu erkundigen. Als wir den Bus bestiegen, fragte eine der beiden Frauen vor uns den Fahrer, wann der letzte Bus von Ramallah nach Jerusalem zurückfahre. »Um halb acht Uhr abends.« Sie sagte: »Seit drei Jahren habe ich die Altstadt nicht verlassen. Ich fühlte mich eingeengt und wie eingesperrt. Heute habe ich zu meiner Freundin gesagt: Lass uns nach Ramallah fahren, Eis essen und ein wenig bummeln. Wir freuen uns sehr darauf.« Da flüsterte Suhil: »Die Stimme klingt wie die meiner Tante, aber ich bin mir nicht sicher.« Ich ging zu der Frau hin und fragte sie, ob sie aus Jerusalem sei. Sie bejahte und schaute zu uns her. »Das ist meine Tante«, rief Suhil, und sie schrie auf: »Suhil, mein lieber Neffe!« Sie umarmten sich. Er wies auf seine Kinder, und unter Tränen begann sie alle zu küssen. Welch ein Wunder der Begegnung! Alle Leute im Bus freuten sich mit uns. Wir versprachen, sie vor Suhils Abreise zu besuchen, was wir gestern dann, zur Freude aller

Beteiligten, auch taten. Und heute sind Suhil und seine Familie nach Florida zurückgeflogen.

25. Januar

Diese Woche haben in Israel Parlamentswahlen stattgefunden. Viele Freunde hatten von mir wissen wollen, was ich darüber denke. Die meisten Leute in Palästina sprechen nicht darüber; es geht nicht um uns, sagen sie, denn niemand spricht von einem Ende der Besatzung oder von Frieden. Wir wagen nicht mehr zu hoffen, denn bisher folgte jeweils eine Enttäuschung der anderen und verdunkelte die Perspektive. Warum sollte es in diesem Jahr anders sein? Die Palästinenser sind in den meisten Wahlprogrammen gar nicht erwähnt worden. Sie sind in Israel schlicht kein Thema, weder ihre Geschichte noch ihre Zukunft. Das ist die Botschaft, die uns Palästinenser von den Wahlen und von der Politik Israels erreicht. Für die meisten Israelis ist das so in Ordnung.

Das schreiben zu müssen macht mich trübsinnig und bringt mich nahe an die Grenze der Verzweiflung. Ja, die Politik ist zum Verzweifeln. Doch ich wehre mich dagegen, indem ich mich aufmuntere mit den vielen positiven Zeichen, die israelische und jüdische Menschen uns geben. Viele haben sich entschlossen, nicht zu schweigen, viele kämpfen mit uns für das gemeinsame Gute. Wir müssen uns das stets vor Augen halten, damit die Hoffnung bleibt.

28. Januar
Heute ist die zweiundneunzigjährige Badiea Naser, Munîrs Cousine, gestorben. Ihre Brüder und deren Familien sind alle im Ausland. Munîr informierte sie und versicherte ihnen, dass er an ihrer Stelle alles an die Hand nehmen würde und sie sich nicht zu kümmern brauchten. Sie waren dankbar, denn sie sind selber alt und würden es nicht so schnell schaffen, nach Birzeit zu reisen. Munîr ist der nächste Verwandte und somit für das Begräbnis verantwortlich. Wir öffneten das Haus seiner Eltern für zwei Tage und empfingen die Gäste, die Badiea verabschiedeten und uns ihr Beileid aussprachen. Vertreter der Grossfamilie Naser und der Sippe Musallam, der die Nasers angehören – mehr als dreissig Männer und Frauen –, waren die ganze Zeit anwesend, um die vielen Besucher zu empfangen. Das gemeinsame Tragen von Verantwortung und Aufgaben stärkt.

31. Januar
In den Nachrichten höre ich, dass nach Angaben aus Syrien israelische Kampfflugzeuge gestern ein militärisches Forschungsinstitut nahe Damaskus angegriffen und zerstört haben. Amerikanische und israelische Quellen behaupten, der Angriff habe einem Lastwagenkonvoi mit syrischen Waffen für die libanesische Hisbullah-Miliz gegolten. Wir haben gestern die Kampfflugzeuge gesehen und gehört und hatten Angst. Und heute bekamen wir die Folgen zu spüren: Im Westjordanland sind neue Sperren aufgestellt und die Kontrollen an den militärischen Checkpoints verschärft worden, so dass die Bewegungsfreiheit der Menschen stark

behindert wird. Die Sorge ist gross, dass sich Israel in den Krieg in Syrien einschaltet und der Konflikt noch mehr eskaliert. Wir sagen uns, das könnte für Israel schlimm werden, und hoffen, eine Intervention seitens der USA und Europas bewirke eine Entspannung.

1. Februar

Im Fernsehen habe ich gestern einen Film gesehen, den das israelische Aussenministerium produziert hat. Er heisst *Die Magie Jerusalems* und präsentiert die Stadt unter israelischer Herrschaft und wie es im neunten Jahrhundert vor Christus gewesen sein soll. Per Animation wird gezeigt, wie der Felsendom vom Erdboden verschluckt wird und an dessen Stelle sich ein jüdischer Tempel erhebt. Muslime sehen in dem Film die Forderung fanatischer israelischer Gruppen gespiegelt, welche die Al-Aksa-Moschee zerstören und durch den Dritten Tempel ersetzen wollen. Nach Protesten selbst von israelischer Seite, der Film könnte als Angriff auf die Religion und die Gefühle der Muslime verstanden werden, wurde er bearbeitet. Jetzt wird der Felsendom von einer Wolke völlig unsichtbar gemacht, während man ihn in einer ersten Version einstürzen sah. So oder so ist es für Muslime in aller Welt eine tiefe Beleidigung und ein gefährliches politisches Signal. In Palästina und in der ganzen Region gibt es empörte und wütende Reaktionen. Ich frage mich, warum ein solcher Film gemacht wird, gerade in einer so angespannten Lage, in der religiöser Fanatismus im Vormarsch ist. Ein solcher Film liefert fanatischen Islamisten, die Israel zerstören wollen, Zündstoff. Gesteigerte

Feindseligkeit und Kriegshetze sind die Folge. Unsere Aufgabe ist es, bewusst auf jene israelischen Stimmen zu verweisen, die solche Propaganda scharf verurteilen und zur Vernunft aufrufen. Diese Stimmen halten unsere Hoffnung auf eine friedliche Koexistenz wach.

10. Februar

Nach dem Seminar in Ein Arik sprach ich die Schulleiterin auf die Schülerin Sarah an, die mir sehr verschlossen, traurig und abwesend schien. Sarah habe ein schweres Leben, sagte sie, sie werde von ihrem Vater geschlagen. Wir luden die Mutter zu einem Gespräch ein, und sie erzählte von der verzweifelten Lage: »Mein Mann arbeitet nur drei Tage in der Woche als Nachtwächter, und das reicht kaum zum Leben. Er ist immer nervös und lässt seine Wut an Sarah aus und manchmal auch an mir. Ich habe Mitleid mit ihm, denn er bereut es danach jedes Mal, weint und versucht, Sarah mit einem Schekel zu trösten. Er war lange im israelischen Gefängnis und hat Folter erlebt, er ist in der Seele zerstört und geht kaum aus dem Haus. Er hat nur wenige Verwandte; wir besuchen niemanden, und niemand besucht uns. Kontakte scheut er, er schämt sich. Wir haben fünf Töchter, aber keinen Sohn, und das macht ihm zu schaffen. Zwar sagt er immer, dass Mädchen genauso viel wert seien wie Jungen und er seine Töchter liebe, weil sie Gottes Gabe seien. Und doch fürchtet er, jemand frage nach seinen Kindern. Wenn die Leute ihn dann bemitleiden, fühlt er sich minderwertig, und dann kommt er nach Hause und beginnt uns anzuschreien.«

Auf unsere Bitte hin rief die Frau ihren Mann an, um zu fragen, ob die Schulleiterin und ich ihn besuchen dürften. Er stimmte zu. Wir machten uns auf den Weg. Als wir dort ankamen, erkannten wir, wie armselig die Familie im Flüchtlingslager von Ein Arik lebte. Im Wohnzimmer gab es nur ein altes, verschlissenes Sofa; in der Ecke waren einige Matratzen gestapelt, die den Eltern und Kindern zum Schlafen dienten. Ausserdem gab es eine kleine Küche und eine Toilette. Radschab begrüsste uns herzlich und sagte: »Ich freue mich, dass ihr uns besucht. Von meiner Frau und den Kindern habe ich von den Seminaren gehört. Ich wünschte, ich könnte teilnehmen.« Wir lobten seine Tochter Sarah und dankten ihm für seine Erziehung, denn sie sei sehr gut erzogen, höflich und ordentlich. Aber sie sei sehr traurig und habe oft Tränen in den Augen, sagte die Schulleiterin. »Wir brauchen deine Hilfe, damit wir sie begleiten und ermuntern können.« Er sagte: »Ich gebe zu, ich schlage sie, sie ist oft bockig und macht nicht das, was ich von ihr verlange.« Die Schulleiterin sagte, Teenager hätten eine aufsässige Phase, würden viele Veränderungen am Körper und an der Seele erfahren und seien oft irritiert. Eltern und Lehrer müssten ein grosses Herz haben und sie nicht mit Gewalt, sondern durch Einsicht erziehen. »Gib ihr eine Chance, lobe sie, vergib ihr, wenn sie Fehler macht.« – »Ihr habt recht«, sagte er. »Im Gefängnis habe ich viel gelesen und gelernt, wie man miteinander umgeht. Ich weiss, ich habe ein Problem. Ich besuche eine psychologische Beratung, die mir guttut. Aber ich erzähle niemandem davon, aus Angst, sie würden mich für verrückt halten und mich auslachen.« – »Es ist sehr wertvoll, dass du dir Hilfe holst«, sagte ich, »das ist der Beginn der Lösung der Probleme.« Er bedankte sich bei mir für die Renovierung des Hauses. Er sei schon mehrmals dort gewesen, um es sich anzuschauen. »Würdest du dort arbeiten wollen?«, fragte ich. »Sicher, das ist mein Wunsch«, sagte er. Ich rief sofort Issa an und bat ihn, Radschab in die letzten noch fälligen Bauarbeiten einzubeziehen. Issa kannte ihn und fand, er sei aufrichtig und arbeite gut. Ich sagte: »So hast du zwei Tage pro Woche Arbeit im Dorf; du kommst mit Menschen zusammen, und du hilfst anderen.« Er sagte: »Ich verspreche, ich werde an dieses Gespräch denken, sobald ich in Wut gerate, und meine linke Hand wird meine rechte festhalten, damit weder Sarah noch andere Schläge bekommen. Ich will der werden, der ich einmal war.«

Auf dem Rückweg erzählte ich der Schulleiterin, dass das Haus für Frauentreffen bereitstehe. Sie schrieb sofort eine Einladung an die Mütter der Schüler, die diese mit nach Hause nahmen: Alle seien eingeladen zu einem Fortbildungstreffen mit Sumaya im renovierten Haus von Sabha und Hilweh. Es war das erste Mal, dass wir in einem Schreiben in Bezug auf das Haus diese Namen erwähnten. Sabha war Sunils Urgrossmutter und Hilweh die Grossmutter, denen das Haus gehört hatte. Der alte Onkel Jûssuf hatte mir sehr zu meiner Freude erzählt, dass beide Frauen in der früheren Talitha-Kumi-Schule in Jerusalem gewesen waren. Sabha arbeitete dort in der Küche, und später kam ihre Tochter in die Schule, die sich unserer Familie über Generationen hinweg annahm.

11. Februar

Vor genau zwei Jahren ist in Ägypten das autoritäre Regime Husni Mubâraks gestürzt worden. Gross war die Begeisterung über die Revolution. Die Jugend organisierte sich spontan. Das Militär übernahm die Regierungsaufgaben, bis Gesetze erarbeitet wurden, um demokratische Wahlen für eine zivile Regierung zu ermöglichen. Die Muslimbruderschaft als organisierte, lange unterdrückte Partei, die der Bevölkerung soziale Dienste anbietet, wurde demokratisch gewählt. Zusammen mit den radikaleren Salafisten erzielten die islamischen Kräfte eine Mehrheit von sechzig Prozent.

Die Mehrheit der Muslime und Christen bilden seit Jahrhunderten eine Bevölkerungseinheit, verstehen sich als Ägypter. Die gezielte Diskriminierung der Christen durch das alte Regime schürte Feindseligkeit. Auf beiden Seiten gibt es Menschen, die sich manipulieren lassen, Moscheen und Kirchen angreifen und sich gegenseitig Grausames antun. Das ist sehr beunruhigend. Im Allgemeinen sind die Menschen, wie überall im Nahen Osten, religiös, keineswegs aber fanatisch; Religion ist ein zentraler Bestandteil der Identität. Viele Ägypter wollten islamischen Parteien eine Chance zum Regieren geben. Ein religiöser Konflikt jedoch würde alle gleicherweise zu Opfern machen.

Heute, zwei Jahre nach dem Umbruch, erkennen wir, dass die Erwartungen zu hoch waren. Die Situation in Ägypten ist noch komplizierter geworden. Ein demokratisches politisches System liegt in weiter Ferne, Demokratie muss zuerst in den Köpfen reifen. Die darniederliegende Wirtschaft konnte sich nicht erholen, die Verschuldung des Staates steigt enorm. Andauernde gewalttätige Auseinandersetzungen liefern den Vorwand dafür, dass Regierung und Militär zunehmend Notstandsrecht anwenden. Der demokratisch gewählte Präsident Muhammad Mursi erlässt über die Gerichtsbarkeit hinweg Gesetze, um seine Macht zu sichern.

12. Februar

Ich habe Issas Frau Mirwat gebeten, sechs oder sieben Frauen in das Haus von Sabha und Hilweh in Ein Arik einzuladen, um ein erstes Frauentreffen vorzubereiten. Heute sind sie gekommen. Als wir im Vorhof sassen, klingelte ständig das Telefon, und weitere Frauen aus dem Dorf wollten wissen, was da los sei. Viele wollten mitmachen und eilten herbei. So waren wir schliesslich mehr als zwanzig Frauen. Die Nachbarin Jusra brachte frisch gebackenes Brot, mit Olivenöl und Thymian bestrichen, und ihre Töchter trugen eine Riesenkanne Tee mit vielen Gläsern herbei. Das heisse »herzlich willkommen in der Nachbarschaft«, sagte sie. Andere brachten Gebäck, Früchte und Süssigkeiten. Ich sagte: »Am 15. Februar findet das erste Treffen statt«; sie versprachen: »Wir werden kommen.« Sie besichtigten das Haus und waren erfreut. Eine Frau sagte: »Danke für das schöne Haus. Als es eine Ruine war, fürchteten wir uns vorbeizugehen, gerade nachts, denn wir hatten Angst, da könnte sich jemand im Innern versteckt haben und uns angreifen. Auch wilde Hunde, Schlangen und andere Tiere haben uns oft erschreckt. Jetzt ist das Haus beleuchtet, und wir fühlen uns sicher auf dem Weg.« Gemeinsam bereiteten wir das Programm für den 15. vor.

15. Februar
Für zehn Uhr war das heutige Treffen vereinbart. Bereits gegen acht Uhr kamen die Ersten. Sie halfen Mirwat beim Aufstellen der Stühle im Hof und beim Zubereiten von Tee und Kaffee. Zwei Frauen wollten mir eine besondere Freude machen und brachten Pflanzen mit: Pfefferminze, Salbei, Rosmarin sowie Geranien, Jasmin und Rosen. Sie pflanzten sie ins Blumenbeet beim Eingang.

Insgesamt kamen sechsundfünfzig Frauen, viele mit ihren Kleinkindern. Wir stellten uns einander vor, dann besprachen wir Themen und Ziele der Begegnungen. Es entwickelte sich ein lebhaftes Gespräch mit guten Ideen. Begeistert beschlossen wir weiterzumachen. Die Sonne schien heiss. Eine Frau sagte: »Wir vermissen den Feigenbaum, der uns Schatten hätte spenden können.« Ich erwiderte: »Ein neuer Feigenbaum vom selben Stamm ist bereits dort an der Mauer gepflanzt worden. Wenn eure Töchter sich später treffen werden, werden sie im Schatten des Feigenbaums sitzen. Bis dahin werden wir Leintücher spannen, die uns Schatten spenden.«

20. Februar
Das Chaos im arabischen Raum ermöglicht es radikalen islamistischen Gruppierungen, sich auszubreiten und mit Gleichgesinnten zu verbinden. Sie sehen ihren Kampf als eine religiöse Konfrontation zwischen Islam und Christentum und zwischen Islam und Judentum. Sie lasten Rückständigkeit, Armut und Unterdrückung in den islamischen Ländern der Feindseligkeit der christlichen Länder des Wes-

tens und Israel an. Im Konflikt in Syrien werden sie von Saudi-Arabien und Katar, indirekt auch von westlichen Ländern unterstützt. Es ist notwendig und legitim, dass die Diktatur in Syrien endet. Doch der Aufmarsch radikaler islamistischer Kämpfer, die den Krieg in Syrien als Kampf für Gott sehen, verhindert, dass die syrische Opposition ihr Ziel erreicht. Tausende von bezahlten Kämpfern handeln eigenmächtig und verüben Verbrechen an der Zivilbevölkerung. Sie zerstören und verbrennen Kulturstätten, historische Bauten wie den Suk von Aleppo, Kirchen und Schulen, Krankenhäuser und Wohngebiete. Syrien war beispielhaft für das Zusammenleben der verschiedenen Religionen. Die Christen fühlten sich sicher. Heute sehen sie sich von fremden Kämpfern bedroht und flüchten in grosser Zahl. Die Hoffnung, dass es in Syrien bald eine Lösung geben wird, ist gering. Der vor zwei Jahren angelaufene Umbruch im arabischen Raum wurde in Palästina mit Freude und Hoffnung aufgenommen und hat hohe Erwartungen geweckt. Auch wenn er Chaos mit sich brachte und der Leidensweg noch sehr lang sein wird, ist die Starre der alten, autoritären Systeme gebrochen worden. Der Kampf für Freiheit und Demokratie wird in den nächsten Jahrzehnten das Leben im ganzen Raum bestimmen. Was dann kommt, wird sicher besser sein als das, was bisher war. Das kann für Palästina nur gut sein.

Zugleich hat der Umbruch aber auch negative Auswirkungen auf Palästina, weil Israel freie Hand bekam, seine Besatzungspolitik mit Landraub, Siedlungsbau und Vertreibungsmassnahmen fortzusetzen. Die arabischen Länder sind mit ihren internen Konflikten beschäftigt. Die international mächtigen Staaten geben der israelischen Politik aktiv oder passiv Rückendeckung. Das ist kurzsichtig, denn Verzweiflung und Wut verbreiten sich in Palästina und in der ganzen Region, und das fördert die politische Radikalisierung und lässt fanatische islamistische Bewegungen erstarken.

20. März

Am Ende meiner Vortragsreise in Deutschland fuhr ich nach Freiburg. Freunde hatten dort für mich die zweite Augenoperation organisiert. Sie begrüssten mich am Bahnhof mit Blumen und fuhren mich in die Klinik. Ich fühlte mich in guten Händen und begab mich voller Vertrauen in den Operationssaal. Die Operation verlief gut, ich spürte die hochgradige Professionalität des Personals. Ich war sehr gerührt, als Doktor Fröhlich mir sagte, die Operation sei ein Geschenk. Die warme, liebevolle Betreuung, die Fürsorge und Begleitung vieler Menschen berührten mich sehr. Ich bin froh und dankbar für alles Gute und Liebe, das ich immer wieder erfahren darf. Es ist wunderbar, zu erleben, wie klar und deutlich ich nun wieder sehen kann, und ich sage mir: Nichts, was wir haben oder an Gutem erleben, ist selbstverständlich, sondern muss als Besonderes empfunden werden. So vergrössert sich die Freude und Zufriedenheit.

22. März

Ich bin nach Florida geflogen, um meine Tochter Hâla zu besuchen und auch meinen Bruder Farhâd mit Familie,

Wafa, meine Schwägerin, und die Söhne meines Bruders Bassâm, Basil, David und Ramsi. Auch viele Verwandte der Grossfamilie Mubajid leben dort, wie auch Suhil mit seiner Familie. Gerne bin ich bei ihnen und freue mich sehr, zu erfahren, was aus meinen Neffen – meine Brüder in den USA haben nur Söhne – geworden ist. Schön ist es, sie beim Erwachsenwerden zu beobachten und zu begleiten.

Diese Reise nach Florida ist etwas Besonderes. Meine Schwiegertochter Dima und meine Tochter Ghâda mit ihren Kindern Salim und Dara sind dabei. Ich freue mich sehr.

Dima erwartet ihr erstes Kind, Ghâda ihr viertes. Ein Kind, das in den USA geboren wird, erhält mit der Geburt automatisch die amerikanische Staatsbürgerschaft. Viele streben danach, denn es ist eine Art Versicherung für Kinder, die in Palästina eine ungewisse Zukunft vor sich haben. Die Angst ist gross, dass Palästinenser eines Tages vertrieben werden könnten. Wenn es lebensbedrohlich würde, hätte das Kind jederzeit das Recht, in den USA Zuflucht zu finden.

24. März

Heute wurde der erste Sohn von Dima und Anîs geboren. Das Kind wird nach dem Grossvater benannt, wie es die Tradition vorgibt. Es heisst Munîr Anîs Munîr Anîs Naser. Wir sind glücklich und dankbar für das neue Leben. Von überall kamen Gratulationsanrufe. Munîr ist mein viertes Enkelkind. Meine Hoffnung ist, dass die Enkelkinder es besser, sicherer und friedlicher haben werden als ihre Grosseltern und Eltern.

4. April
In einer Woche wird in Birzeit auf dem Campus der Universität der Grundstein für das Palästinensische Museum gelegt. Das Vorhaben löste bei den Menschen in Palästina Erstaunen und Freude aus. Wie lange schon sehnen wir uns danach, erfreuliche Ereignisse zu erleben, die nicht nur symbolischer Natur sind, sondern konkrete Bausteine für den Staat Palästina. Und gerade jetzt, in dieser fast hoffnungslosen Situation, passiert es, und Wunderbares beginnt zu werden.

Das Museum wird auf einer Fläche von 40 000 Quadratmetern gebaut. Es ist ein einzigartiges kulturelles Projekt, entwickelt von der Welfare Association, einer 1983 gegründeten palästinensischen gemeinnützigen Organisation. Sie fördert dauerhafte Entwicklung, engagiert sich für die Erhaltung des Erbes und der Identität der Palästinenser, für kulturelles Leben und den Aufbau der Zivilgesellschaft. Das Museum soll zur massgebenden Quelle für neues Denken über palästinensische Geschichte, Kultur und Gesellschaft werden. Die Eröffnung ist für den Herbst 2014 vorgesehen.

Inspiriert von den kaskadenförmigen Terrassen der Landschaft sind Architektur und Konstruktion des Museums entworfen worden. Die Steinmauern der Terrassen sind über Jahrhunderte von Bauern errichtet worden, um die hügelige Landschaft abzustufen und Landwirtschaft zu ermöglichen. Eine Reihe thematischer Gärten, auf Terrassenstufen angelegt, wird das Museum flankieren. Die Gärten werden »Schaukästen« für Bäume, Blumen und Kräuter sein, die in der Region und in Palästina heimisch sind.

Mit einer innovativen Mischung von Ausstellungen, Forschungs- und Bildungsprogrammen sowie kulturellen Anlässen soll das Museum ein Forum bilden, wo jeder und jede an Diskussionen über Vergangenheit, Gegenwart und Zukunft der Palästinenser teilnehmen kann. Von diesem Zentrum in Birzeit aus werden alle Palästinenser über lokale und internationale Partner wie auch über digitale Plattformen erreicht, wo immer sie leben, um Gemeinsamkeiten zu festigen und aus der Vielfalt der unterschiedlichen Erfahrungen der Palästinenser zu lernen.

7. *April*

Am 27. März ist unser Schweizer Freund René Stucki gestorben. Sehr gerne wäre ich bei der heutigen Trauerfeier dabei gewesen. Da ich verhindert war, habe ich ein Abschiedswort geschrieben, das an der Feier vorgelesen wurde:

»Es war vor fünfzig Jahren, in der Schule Talitha Kumi in Bait Dschalâ bei Bethlehem. Herr und Frau Stucki leiteten den ersten Freiwilligeneinsatz für Aufbauarbeiten in Palästina, organisiert vom Christlichen Friedensdienst der Schweiz (cfd). Junge Menschen aus der Schweiz und aus Palästina arbeiteten gemeinsam. Die Männer bauten Terrassenmauern, pflegten die Weinreben, Gemüse- und Obstgärten. Die Frauen schneiderten und nähten Schulkleider und Bettwäsche für das Internat, auch bereiteten sie Brot und Kuchen zu. Abends gab es Musik. Es waren Sommerferien, aber es war mein Glück, dass ich wegen der Prüfung zur Mittleren Reife mit meiner Klasse in der Schule bleiben musste, und so lernte ich Stuckis kennen. Als ich zum Studium in Hamburg war und Heimweh hatte, durfte ich viele Male die Familie Stucki in Bülach besuchen und mit ihnen schöne Tage verbringen. René brachte mich nach Bern zu ›Flüchtlingsmutter‹ Gertrud Kurz, der Gründerin des cfd, die mit grossem Interesse nach den Menschen und ihren Sorgen in Palästina fragte. Das war der Beginn meiner Beziehung und Verbundenheit mit dem cfd. Als Projektleiter besuchte René Stucki Palästina regelmässig, und es war immer eine grosse Freude und Bereicherung, Stuckis als unsere Gäste zu haben. Wir wanderten hinunter ins Tal und die Hügel hinauf und lernten gemeinsam, die Vielfalt der Lebewesen und die inspirierende Natur zu lieben und zu geniessen.

Einige Male nahm mich René mit in seine Schule in Bülach. Als Lehrer strahlte er Leben und Liebe aus, er glaubte an jede Person und ihre Gaben. René weckte Kreativität mit Basteln, Werken, Malen und Singen. Die Freude an der Natur und an den Menschen machte ihn kreativ und lebensfroh.

Seit fünfzig Jahren begleitete er mich und mein Tun. Er schloss mich, meine Familie und Palästina in sein Herz. Er lernte die Sorgen und Schicksale kennen und liebte das Land, die Landschaft und die Menschen. Er lebte gleichsam mit uns, fragte immer wieder nach jedem Einzelnen in meiner Familie und nach allen, die ihm begegnet waren. Er erkundigte sich nach der Joghurtverkäuferin, dem Bäcker, der Gemüsefrau, nach dem Bauern, der unter den Olivenbäumen den Boden pflügte, er fragte nach den Bäumen und Sträuchern in unserem Garten, auf dem Berg und im Tal. Er nahm teil an allem, was in Palästina und Israel geschah, er identifizierte sich mit unseren Sorgen und unseren Hoffnungen.

René erkannte das Unrecht und wollte nicht schweigen. Er war mutig und setzte sich für Gerechtigkeit ein. Anfang der 1970er Jahre schrieb er als einer der Ersten kritisch über Israels Siedlungspolitik in den besetzten Gebieten. Er forschte, zeigte die Entwicklung von einem Jahr zum anderen, machte Dias und hielt Vorträge. Er wurde hart angegriffen, doch das hielt ihn nicht davon ab weiterzumachen.

René ermutigte mich zur politischen Arbeit in der Gemeinschaft und in der Öffentlichkeit und überzeugte mich von ihrer Bedeutung. Oft berieten wir uns gegenseitig beim Vorbereiten von Vorträgen über Palästina. Uns verband die Sorge, aber auch die Pflicht zur Aufklärung und die Suche nach Lösungen, Frieden und Versöhnung.

Auch in den vergangenen Monaten, als René vom Leben kaum noch etwas wahrnahm, strahlte er und war gerührt, als ich ihn besuchte. Wir sind dankbar und glücklich für sein Wirken und sein erfülltes Leben. Wir sind dankbar, weil er nun seine Ruhe gefunden hat. Viele schöne Erinnerungen werden in unseren Herzen lebendig bleiben.«

9. April

Heute lese ich in einem Bericht der israelischen Menschenrechtsorganisation B'Tselem:

Der Soldat, der Udai Darwisch am 12. Januar 2013 erschoss, als der Palästinenser versuchte, sich beim Checkpoint Meitar durch eine Lücke in der Trennmauer zu schmuggeln, um in Israel zur Arbeit zu gehen, ist am 18. März wegen fahrlässiger Tötung verurteilt worden. Laut Medienberichten hatte die Anklage ursprünglich eine Verurteilung wegen Tötung gefordert, später aber den Tatbestand aufgrund einer Absprache mit der Verteidigung reduziert. Das Strafmass für den verurteilten Soldaten steht noch aus.

Die Verurteilung von Soldaten, die Palästinenser töten, ist äusserst selten. Vom 29. September 2000 bis zum 31. März 2011 haben israelische Sicherheitskräfte im Westjordanland und in Gaza 3024 Palästinenser getötet, die nicht an Kämpfen beteiligt waren. Davon wurden 2821 von Soldaten getötet. Nur vierzehn Fälle führten zu einer Anklage. Zwei Soldaten wurden danach für unschuldig erklärt. Bei zwei anderen Soldaten lautete die Anklage auf fahrlässige Tötung und bei den restlichen Soldaten auf illegalen Waffengebrauch, Nachlässigkeit, Kompetenzüberschreitung und Gefährdung von Leben oder Gesundheit.

10. April

Vor genau vierzig Jahren, am 10. April 1973, hat ein Mordkommando der israelischen Armee unter Beteiligung des späteren Regierungschefs Ehud Barak drei palästinensische Führer in Beirut ermordet: den Dichter Kamal Nasir, ein Cousin meines Mannes, Kamal Adwan und Muhammad Jûssuf al-Naddschar. Im Vorfeld des Jahrestags gab es überall in Palästina Berichte und Kommentare. Ich erinnere mich gut an diesen Tag und die folgende Trauerzeit. Es war sehr bedrückend, zu sehen, wie Kamal Nasirs Mutter von diesem Tag an und bis zu ihrem Tod verwirrt war. Viele seiner Gedichte sind von Kamals Cousine, der Musikerin

Rima Nasir Tarasi, zu Liedern vertont worden. Sie werden immer öfter in Schulen gesungen. Erst vor wenigen Jahren erlaubte Israel, dass wir unseren Strassen Namen geben; Ramallah hat eine Strasse nach Kamal Nasir benannt.

11. April

In der heutigen Ausgabe der israelischen Zeitung *Haaretz* hat der Journalist Gideon Levy einen Brief von Samer Issawi aus israelischer Gefangenschaft veröffentlicht. Issawi stammt aus Ostjerusalem und ist dreiunddreissig Jahre alt. 2002 wurde er von der israelischen Armee verhaftet und wegen Mitgliedschaft in einer illegalen Organisation, Besitzes von Sprengstoff und versuchten Mordes zu sechsundzwanzig Jahren Haft verurteilt. 2011 kam er im Rahmen des Gefangenenaustauschs für einen von der Hamâs festgenommenen israelischen Soldaten frei. Im Juli 2012 nahm ihn das israelische Militär am Rand von Jerusalem erneut fest mit der Begründung, er habe sich verbotenerweise im Westjordanland aufgehalten. Dafür wurde er zu acht Monaten Gefängnis verurteilt; danach sollte er bis 2029 die restliche Strafe von 2002 absitzen. Als Alternative wurde ihm später die Deportation in den Gazastreifen oder ins Ausland in Aussicht gestellt. Aus Protest begann er im August 2012 einen Hungerstreik. In seinem an die Israelis gerichteten Brief schreibt Issawi unter anderem:

»Ich habe beschlossen, euch zu schreiben, euch Intellektuellen, Schriftstellern, Rechtsanwälten und Journalisten, Organisationen und Aktivisten der Zivilgesellschaft. Ich lade euch ein, mich zu besuchen, um ein an ein Krankenhausbett gefesseltes Skelett zu sehen, umgeben von drei erschöpften Gefängniswärtern. (...) Israelis, ich werde zufrieden sterben. Ich akzeptiere nicht, aus meiner Heimat deportiert zu werden, ich akzeptiere eure Gerichte und eure Willkürherrschaft nicht. (...) Hört nicht auf eure Generäle und ihre staubigen Mythen, denn der Besiegte wird nicht besiegt bleiben und der Sieger nicht Sieger. Geschichte besteht nicht nur aus Schlachten, Massakern und Gefängnissen, sondern aus Frieden mit den anderen und mit sich selbst. Israelis, hört auf meine Stimme, die Stimme unserer und eurer Zeit! Befreit euch von eurer exzessiven Machtgier! Bleibt nicht Gefangene eurer Militärlager und Eisentore, die euren Verstand verriegelt haben!«

13. April
Israelische Intellektuelle und Schriftsteller, unter anderen Eli Amir, Amos Oz und Abraham B. Jehoschua, haben Samer Issawi geantwortet: »Bitte, Samer Issawi, giess nicht noch mehr Verzweiflung in die bereits vorhandene. Gib dir selbst Hoffnung, damit die Hoffnung in uns allen gestärkt wird.«

Sie fordern nicht die sofortige Freilassung Issawis oder die Rettung seines Lebens, auch sprechen sie nicht begangenes Unrecht an. Sie sorgen sich darum, dass durch seinen Tod Fortschritte, die es auf dem Weg zu einer friedlichen Lösung gebe, zunichtegemacht werden könnten. Es fänden zurzeit ermutigende Verhandlungen statt, meinen sie, die möglicherweise zur Freilassung von Issawi und anderen Gefangenen führen könnten. Issawis Hungerstreik sei ein

»suizidärer Akt«, der dem Konflikt eine »weitere Facette der Tragik und Verzweiflung« beizufügen drohe. »Wir fordern dich dringend auf, den Hungerstreik zu beenden und dich für das Leben zu entscheiden. Denn wir haben uns verpflichtet, unermüdlich nach Frieden zwischen den beiden Völkern zu streben, die für immer Seite an Seite leben werden.«

Eine Gruppe von Israelis hat versucht, Issawi im Krankenhaus Kaplan in Rechovot zu besuchen. Nur zwei Frauen schafften es, in die Nähe seines Zimmers zu gelangen, bevor die Militärwache sie alle gewaltsam vertrieb und die beiden Frauen, Ilana Hammerman und Chava Lerman, für kurze Zeit festnahm. Hammerman sagte danach: »Ich habe mich zu zivilem Ungehorsam entschlossen. Man kann doch nicht einen sterbenden Menschen im Gefängnis behalten, das ist illegal. Ich lehne es ab, diesen Gesetzen zu gehorchen. Ich identifiziere mich mit seinem Kampf.«

Issawis Rechtsanwalt Jawad Boulos sagte, Israel versuche, die Zusage des Gefangenen zu erhalten, dass er seinen Hungerstreik einstelle, und wolle ihn im Gegenzug freilassen und ausweisen, nach Ägypten, Jordanien, Finnland, in die Türkei oder in die Schweiz. Aber Issawi hat abgelehnt.

15. April

Eine Gruppe von Israelis und Palästinensern hat das Krankenhaus Kaplan besucht, um ihre Solidarität mit Samer Issawi zu zeigen. Die zwei jungen Frauen Adan Tatur und Bahira Ablasi gelangten vor das Zimmer des gefangenen Kranken und sangen zunächst leise, dann lauter Palästinas Nationalhymne. Daraufhin kamen mehrere Patienten, schrien sie an und forderten sie auf, sofort aufzuhören. Manche wollten die Mädchen schlagen. Die Wärter des sterbenden Mannes kamen aus dem Zimmer, schickten sie weg und drohten, sie in Haft zu nehmen. Die jungen Frauen aber waren überzeugt, dass der sterbende Samer ihren Gesang gehört hatte und dass das Lied ihn ermunterte.

16. April
Heute feiert Israel seinen fünfundsechzigsten Geburtstag. Es ist zugleich der fünfundsechzigste Tag der Erinnerung an die Nakba der Palästinenser. Überall im Land und an fast allen Autos wehen israelische Fahnen und Wimpel. Wer aber in Israel oder Jerusalem die Palästinafahne hisst, wird mit einer Busse oder Gefängnis bestraft. Leider stehen wir immer noch im Widerstreit zueinander: ihre Fahne gegen unsere Fahne, ihre Hymne gegen unsere. Warum können nicht beide zur Geltung kommen und als Symbole eine gemeinsame Quelle der Freude anstatt des Streits sein?

Zum heutigen Tag haben Jugendliche in Palästina und in Israel den Aufruf gestartet, auf alle benutzten Geldscheine den Namen Samer Issawi zu schreiben. So zirkulieren sein Name und das Thema der gefangenen Palästinenser auch in israelischen Händen und Häusern. Eine Möglichkeit der Aufklärung für die, die wissen wollen, und ein Versuch, mehr Druck zu machen, damit eine Lösung gefunden wird. Eine weitere Methode der Solidarität mit gewaltlosen Mitteln.

22. April
Heute atmen wir auf und sind erleichtert, denn endlich ist ein Abkommen getroffen worden: Samer Issawi hat nach 266 Tagen eingewilligt, seinen Hungerstreik zu beenden. Er wird nicht deportiert. Er bleibt weitere acht Monate im Gefängnis und nicht sechzehn Jahre wie vorgesehen. Danach geht er zurück in sein Haus in Issawia, das zu Jerusalem gehört. Sein langer Kampf und das Engagement vieler Menschen in Palästina, Israel und der Welt haben Früchte getragen. Samer Issawi wehrte sich mit Erfolg gegen das Prinzip der Deportation von Gefangenen aus ihrer Heimat ins Ausland.

23. April
Die Freude ist gross: Gestern wurde Siba, mein fünftes Enkelkind und Ghâdas viertes Kind, geboren. Ghâda und Siba geht es gut, und wir sind alle froh und dankbar für das wunderbare neue Leben.

Sieben Wochen lang lebe ich mit meinen Töchtern Ghâda und Hâla in den USA unter einem Dach, und das ist etwas Besonderes. Wir erzählen und singen viel, wir lachen von Herzen und erinnern uns an unsere Kindheit, an das Leben in der Familie und im Dorf, wir tauschen Erlebnisse und Erfahrungen aus. Wir besprechen ernste Themen der Politik, der Familie und der Frauen, der Gesellschaft, der Erziehung und der Zukunft. Wir begegnen uns als drei Frauen auf Augenhöhe. Ich geniesse es, mich aus meiner Alltagsroutine ausgeklinkt zu haben. Ich bin hier Mutter und Oma, Haushälterin und Kindergärtnerin. Ich erzähle

Geschichten, Märchen, singe Kinder- und Schlaflieder, immer wieder neue. So viele Lieder aus meiner Jugend- und Schulzeit kommen mir wieder in den Sinn. Selbst Ghâda und Hâla wundern sich und sagen, dieses und jenes Lied hätte ich ihnen nicht vorgesungen, als sie klein waren. Auch ich bin erstaunt und frage mich, wieso Lieder, die ich als Kind zuletzt im Internat sang, plötzlich wieder da sind. Ich glaube, es ist die Dankbarkeit, die Freude am Leben und die Entschlossenheit, alles Schöne meinen Enkelkindern weiterzugeben. Sie sollen Gesundheit, Freude und Sicherheit haben und in Frieden leben. Bedrückt bin ich, weil ich diese Zeit des Friedens nicht mehr erleben werde, und es ist fraglich, ob meine Kinder sie kennen werden. Ich will mich aber an die Hoffnung klammern, dass meine Enkelkinder den Frieden feiern werden.

Hoffnung macht kreativ, und der Mut, an die eigene Kraft zu glauben, macht vieles möglich.

Bald fliegen wir zurück in unser Zuhause, nach Palästina. Die Sehnsucht wird grösser, je näher die Reise rückt. Die Familie erwartet uns und freut sich mit uns, und die Aufgaben erfüllen unser Leben.

Chronologie

1896

Theodor Herzl schlägt in seinem Buch *Der Judenstaat* die Schaffung eines jüdischen Staates vor.

1897

Auf dem ersten Zionistenkongress in Basel wird die Schaffung einer »Heimstätte für das jüdische Volk in Palästina« zum Programm erhoben.

1917

In der Balfour-Erklärung versichert die britische Regierung der zionistischen Führung, sie betrachte die Schaffung einer »nationalen Heimstätte« für das jüdische Volk in Palästina »mit Wohlwollen«.

1947

Am 29. November beschliesst die UNO-Vollversammlung die Teilung des britischen Mandatsgebiets Palästina in zwei Staaten. Die 608 000 Juden Palästinas sollen 55 Prozent des Bodens erhalten, und den 1,24 Millionen Arabern Palästinas werden 42 Prozent zugesprochen. Die arabischen Staaten und das palästinensische Arabische Hohe Komitee lehnen den Teilungsplan ab.

1948

Am 14. Mai wird der Staat Israel gegründet; die Ende November 1947 ausgebrochenen Kämpfe eskalieren am

15. Mai durch den Angriff Ägyptens, Syriens und Jordaniens zum ersten arabisch-israelischen Krieg, der in die »Nakba« (Katastrophe) mündet: Etwa 750 000 Palästinenser werden bis 1949 aus ihrer Heimat vertrieben oder fliehen.

1959

Jassir Arafat gründet mit anderen palästinensischen Studenten die Guerillaorganisation Fatah (deutsch: Eroberung, Sieg).

1964

Die Arabische Liga gründet die Palästinensische Befreiungsorganisation PLO, in der die Fatah die wichtigste Kraft bildet; 1969 wird Arafat Vorsitzender der PLO.

1967

Im Sechstagekrieg (5.–10. Juni) besetzt Israel nach einem »Präventivangriff« das von Jordanien verwaltete Westjordanland, die ägyptische Sinai-Halbinsel und den von Ägypten verwalteten Gazastreifen. In den folgenden Jahren beginnt Israel, die eroberten Gebiete zu besiedeln.

1973

Im Jom-Kippur-Krieg oder Oktoberkrieg (6.–24. Oktober) erzielen Ägypten und Syrien nach einem Überraschungsangriff militärische Anfangserfolge, werden dann aber von Israel zurückgeschlagen.

1978
Israels Ministerpräsident Menachem Begin und Ägyptens Präsident Anwar Sadât unterzeichnen in Camp David (USA) zwei Abkommen, die US-Präsident Jimmy Carter vermittelt hat. Das eine führt 1979 zu einem israelisch-ägyptischen Friedensvertrag. Im zweiten Abkommen verpflichtet sich Israel, den Palästinensern im Westjordanland und im Gazastreifen innerhalb von fünf Jahren »volle Autonomie« zu gewähren, und zu einem anschliessenden Truppenrückzug aus den besetzten Gebieten. Dieses Abkommen wird nicht umgesetzt.

1980
Israel annektiert per Gesetz das im Sechstagekrieg eroberte Ostjerusalem und erklärt Jerusalem zur »ewigen« und »ungeteilten« Hauptstadt.

1982
Israel zieht sich, wie im Friedensvertrag von 1979 vereinbart, von der ägyptischen Sinai-Halbinsel zurück.

1987
Erste Aktivitäten der islamistischen Partei Hamâs, die als Ableger der ägyptischen Muslimbruderschaft gegründet worden ist. In den besetzten Gebieten Westjordanland und Gazastreifen bricht im Dezember die erste Intifada aus: Die palästinensische Bevölkerung lehnt sich mit einer Kampagne des zivilen Ungehorsams und gewaltsamen Aktionen (»Krieg der Steine«) gegen die israelische Besatzung auf.

1993
Verhandlungen zwischen Israel und der PLO leiten den sogenannten Oslo-Friedensprozess ein. In einem ersten Abkommen (»Prinzipienerklärung«) bekennt sich die PLO zum Gewaltverzicht; Israel sichert den Palästinensern begrenzte Autonomie für eine fünfjährige Übergangsperiode zu und danach Verhandlungen über alle offenen Streitfragen (Status, Grenzen, Siedlungen, Jerusalem, Flüchtlinge). Israels Ministerpräsident Jitzchak Rabin, Aussenminister Schimon Peres und Jassir Arafat erhalten für den historischen Schritt den Friedensnobelpreis. Weitere Abkommen folgen 1994 und 1995 und legen Einzelheiten der Autonomieregelung fest.

1995
Jitzchak Rabin wird am 4. November von einem israelischen Rechtsextremisten ermordet.

1996
Die Palästinenser in den besetzten Gebieten wählen Jassir Arafat zum Präsidenten der Autonomiebehörde. Nach einer Reihe palästinensischer Selbstmordattentate gewinnt Benjamin Netanjahu, Kritiker des Oslo-Prozesses, die Wahlen in Israel und wird Ministerpräsident.

2000
In Camp David scheitern von US-Präsident Bill Clinton vermittelte Verhandlungen zwischen Israels Ministerpräsident Ehud Barak und Jassir Arafat. Daraufhin bricht die zweite Intifada aus, die eine Militarisierung des palästinensischen

Widerstands bewirkt. Von 2000 bis 2008 fallen rund 5000 Palästinenser und 1000 Israelis der Gewalt zum Opfer.

2001

Ariel Scharon wird israelischer Ministerpräsident. Der Konflikt intensiviert sich mit palästinensischen Selbstmordattentaten in Israel und massiven Gegenschlägen der israelischen Armee in den besetzten Gebieten sowie der Tötung führender Mitglieder palästinensischer Widerstandsgruppen.

2002

Israel beginnt mit dem Bau der Mauer, einer mehr als 700 Kilometer langen Sperranlage, grösstenteils auf palästinensischem Boden, die das Westjordanland von Israel abtrennt.

2003

Israelische und palästinensische Politiker unterzeichnen auf privater Basis die Genfer Initiative, ein Modellabkommen zur Lösung des Nahostkonflikts. Es sieht die Schaffung eines palästinensischen Staates im Westjordanland und im Gazastreifen vor, Jerusalem als Hauptstadt beider Staaten, die Räumung israelischer Siedlungen und ein Rückkehrrecht für eine beschränkte Anzahl palästinensischer Flüchtlinge. Die israelische Regierung lehnt die Initiative ab.

2004

Jassir Arafat stirbt am 11. November in einem Spital bei Paris.

2005

Mahmûd Abbâs übernimmt den Vorsitz der PLO und wird als Nachfolger Arafats zum Präsidenten gewählt. Er befürwortet eine Konfliktlösung auf dem Verhandlungsweg.

Auf Scharons einseitig getroffenen Beschluss hin zieht sich die israelische Armee aus dem Gazastreifen zurück. 8000 Bewohner von einundzwanzig völkerrechtswidrig errichteten israelischen Siedlungen werden evakuiert.

2006

Die Hamâs, die Israel nicht anerkennen will, gewinnt im Januar die Wahlen in Palästina auf Kosten der bisher regierenden Fatah. Das Nahostquartett (USA, Russland, EU, UNO) erklärt daraufhin den diplomatischen und finanziellen Boykott der Autonomiebehörde.

Ein Kommando der Hamâs entführt im Juni einen israelischen Soldaten. Israel kontert mit massiven Bombardements in Gaza und im Westjordanland. Als sich die libanesische Hisbullah-Miliz mit der Hamâs solidarisiert und zwei israelische Soldaten entführt, greift Israels Armee am 12. Juli massiv den Libanon an, die Hisbullah schlägt mit Raketenbeschuss israelischer Städte und Dörfer zurück; der Krieg endet am 14. August mit einem Waffenstillstand.

2007

Fatah und Hamâs einigen sich in Mekka auf eine Regierung der nationalen Einheit. Bürgerkriegsähnliche Kämpfe zwischen den beiden Parteien in Gaza dauern aber an, und die Hamâs übernimmt im Juni die Macht im Gazastreifen. Die internationale Gemeinschaft boykottiert die Hamâs-

Regierung, und Israel blockiert den Zugang von Waren und Menschen zum Gazastreifen.

2008
Die israelische Armee führt mit der Offensive »Gegossenes Blei« (27.12.2008–18.1.2009) Krieg gegen die Hamâs. Damit reagiert sie auf zunehmende Raketenangriffe aus Gaza auf zivile Ziele in Israel. Etwa 1400 Palästinenser werden getötet, Infrastrukturanlagen und Wohnquartiere zerstört. Eine UNO-Untersuchungskommission unter Leitung des südafrikanischen Richters Richard Goldstone wirft Israel und der Hamâs schwere Menschenrechtsverletzungen vor.

2009
Die palästinensische Autonomiebehörde und die Arabische Liga fordern einen israelischen Siedlungsstopp als Bedingung für direkte Friedensverhandlungen. Die US-Regierung unter Präsident Barack Obama erwirkt von Ministerpräsident Benjamin Netanjahu einen zehnmonatigen Baustopp, der nur lückenhaft umgesetzt wird. Danach nimmt die Regierung den Siedlungsbau unvermindert wieder auf. Die Zahl der Siedler im Westjordanland und in Ostjerusalem steigt auf über 500 000.

2010
Im Mai entert die israelische Marine in internationalen Gewässern zivile Schiffe, die Hilfsgüter nach Gaza bringen und so die von Israel verhängte Seeblockade brechen wollen. Beim Überfall auf das türkische Schiff Mavi Marmara werden neun türkische Staatsbürger getötet.

2011
Die Organisation der Vereinten Nationen für Bildung, Wissenschaft und Kultur (UNESCO) nimmt Palästina als Vollmitglied auf, gegen den Widerstand Israels und der USA.

2012
Spannungen zwischen Israel und der Hamâs eskalieren nach palästinensischen Raketenangriffen und der Tötung des Hamâs-Militärchefs zu einem siebentägigen Krieg (14.–21. November); die israelische Luftwaffe greift Ziele im Gazastreifen an, Hamâs reagiert mit Raketenattacken. Nach der von Ägyptens Präsident Muhammad Mursi vermittelten Waffenruhe feiern sich beide Seiten als Sieger.

Am 29. November beschliesst die UNO-Generalversammlung die Aufnahme Palästinas als Nichtmitgliedstaat mit Beobachterstatus. 138 der 193 UNO-Mitglieder stimmen dafür, unter ihnen die Schweiz; neun Staaten stimmen dagegen, und einundvierzig enthalten sich der Stimme, unter ihnen Deutschland.

2013
Aus der Parlamentswahl in Israel am 22. Januar geht die rechtsgerichtete Parteienverbindung Likud und Israel Beitenu unter Ministerpräsident Benjamin Netanjahu als stärkste Kraft hervor, allerdings mit erheblichen Verlusten. Erstmals in einem Wahlkampf ist der Konflikt mit den Palästinensern nur am Rande thematisiert worden.

Netanjahu bildet eine Regierung, in der neben der neuen säkularen Partei Jesch Atid (Zukunftspartei) auch die rechtsnationale Siedlerpartei HaBajit haJehudi (Jüdisches Heim) vertreten ist, die für die Annexion grosser Teile des Westjordanlandes eintritt.

Internationale Grenze
Grenze des ehemaligen Mandatsgebiets Palästina
Grüne Linie (Waffenstillstand 1949)
Zonen A und B
Zone C
Ostjerusalem (von Israel annektiert)
Lebanon
UNDOF
Occupied Golan Heights
(Syria)
Syria
Acre
Haifa
Tiberias
Nazareth
Irbid
Sheikh Hussein Crossing
Jenin
Tubas
Ajloun
Tulkarm
Nablus
Qalqiliya
Mediterranean Sea
Salfit
Balqa
West Bank
Amman
Ramallah
Jericho
Allenby Bridge Crossing
Ashdod
Madaba
Safe Passage (Non-functional)
Bethlehem
Dead Sea
Hebron
Gaza Strip
Jordan
Be'er Sheva
Rafah Crossing
Karak
Israel
Egypt